# Karten des Himmels

Ulf Buck

Ulf Buck

# Karten des Himmels

## Die Karten lügen nie

SILBERSCHNUR

Redaktionelle Mitarbeit: Sybille Gläser, Carsten Meißner
Grafische Gestaltung der Karten: Stephan Reinhardt



ISBN 3-89845-087-2

1. Auflage 2004

Satz: Plejaden Publishing Service, Neetze
Druck: Finidr, s.r.o. Cesky Tesin, Tschech. Rep.

Verlag „Die Silberschnur“ GmbH · Steinstraße 1 · D-56593 Güllesheim

www.silberschnur.de
e-mail: info@silberschnur.de

# Inhalt

»Dieses Buch
möchte ich von ganzem Herzen
meiner Tante Manni und meiner Großmutter widmen.
Ihre ganz besondere Liebe
begleitet mich immer und überall.
Danke!«

# Einleitung

## oder was Sie über die Entstehung dieses Buches und seiner Karten wissen sollten

Mein besonderer Dank gilt an dieser Stelle meiner Frau Sybille, die unermüdlich all meine akustischen Notizen zu Papier gebracht hat, dem Grafiker Stefan Reinhardt und meinem Manager Carsten Meissner. Gemeinsam haben sie die Ideen und Bilder aus meinem Kopf so perfekt umgesetzt, dass die Welt der Prophetie mit Karten nun um ein außergewöhnliches und einzigartiges Projekt reicher ist.

Die 12 »Karten des Himmels« und das dazugehörige Begleitbuch sind von mir in einem Zeitraum von mehr als drei Jahren entwickelt worden. In dieser Zeit wurden die Karten und die Legesysteme immer wieder von vielen unterschiedlichen Menschen getestet, überprüft und weiter von mir ausgefeilt und verbessert.

Die Idee zu diesem außergewöhnlich kleinen und dennoch extrem aussagekräftigen Kartensystem entstand aus der Tatsache heraus, dass ich als blinder Mensch immense Probleme habe, mit den herkömmlichen Tarot-Karten zu arbeiten. Schon das Unterscheiden der vielen verschiedenen Kartenbilder hat mich an meine Grenzen gebracht. Zusätzlich habe ich viele Menschen kennen gelernt, die zwar im Besitz eines Tarot-Decks sind, aber dieses entmutigt in einer Schublade verstauben lassen, da ihnen auch die Anzahl der zu erlernenden Karten, immerhin die doppelte Bedeutung von maximal 78 Stück, große Probleme bereitet.

Also machte ich mich auf die Suche nach einer praktikablen Alternative mit entschieden weniger Karten, die leicht erlernbar und überschaubar in der Anwendung sind. Aus diesem Grund entstanden die »Karten des Himmels« und dieses Buch.

Ich wollte ein einzigartiges komplexes System entwickeln, das dem Anfänger einerseits ein einfaches Handling anbietet und ihm entsprechend schnelle, aber sichere Entscheidungshilfen bei aktuellen Fragestellungen gibt. Ich wollte andererseits aber auch Fortgeschrittenen durch die Karten Hilfestellung bei der Beantwortung komplexerer Fragen geben.

Das Wissen von Sonne, Mond und Planeten machen sich die Menschen schon seit mindestens 3000 Jahren zu Nutze und die Erkenntnisse der Astrologie offenbaren dem Menschen Stärken und Schwächen, Neigungen und Vorurteile, aber auch Begabungen und Erfolgsmöglichkeiten.

Der Horoskopkreis symbolisiert mit seinen 12 Feldern und Zeichen den Weg, den der Einzelne in diesem Leben zu gehen hat. Was liegt da näher, als mit 12 Karten, die mit den Symbolen und deren Bedeutungen versehen sind, zu arbeiten?

So entschloss ich mich, das Wissen der Sonnenzeichen, der Tierkreiszeichen also, mit daraus resultierenden Legesystemen zu kombinieren und als Grundpfeiler der Karten zu nutzen.
Die speziell entwickelten Legesysteme sind thematisch auf gezielte Fragestellungen zugeschnitten, sodass der Nutzer, anhand der festgelegten Bedeutung der 12 Karten, schnell und ohne großen Aufwand eine Antwort auf seine Frage erhält.

Die vertraute Symbolik der Tierkreiszeichen in Kombination mit der Technik des Kartenlegens ergibt eine völlig neuartige Form der Prophetie. Eine Symbiose, die nicht nur für jeden praktisch umzusetzen ist, sondern auch eine, die den hohen Ansprüchen gerecht wird.

# Vorbereitung
## zur Arbeit mit den »Karten des Himmels«

*»Mehr als die Vergangenheit*
*interessiert mich die Zukunft,*
*denn in ihr gedenke ich zu leben.«*
Albert Einstein

Der allgemeine Gebrauch von Kartenlegesystemen gehört zu den beliebtesten Praktiken, einen Blick in die Zukunft zu wagen.

Grundsätzlich können die »Karten des Himmels«, bei richtiger Anwendung und Interpretation, Hilfestellung, Rat, Trost und Erkenntnis bei Folgendem geben:

➢ Aufzeigen des gegenwärtigen Entwicklungsstandes einer Angelegenheit oder Entwicklung.

➢ Verdeutlichen individueller zukünftiger Tendenzen, Chancen und Perspektiven.

➢ Erkennen, wie man Probleme angehen sollte oder Ziele erreichen kann.

➢ Klärung von Ursachen und Hintergründen aus Gegenwart und Vergangenheit bezüglich bestimmter Entwicklungen.

➢ Hilfestellung zur Selbsterkenntnis und Selbsterfahrung.

Ob diese Erkenntnisse einem Menschen nützen oder ihn eher blockieren, liegt ganz daran, wie er mit ihnen umgeht. Die positive Kraft einer Kartenlegung liegt darin, die Menschen anzuregen, sich mit ihrem wahren Selbst auseinander zu setzen. Schon die Konfrontation mit ihr kann, auch wenn man sie nicht akzeptieren mag, der erste Schritt zu einer Verbesserung sein.

Die Karten lügen nicht! Die Erkenntnisse, die sie vermitteln, haben den Effekt, immer weiteres Nachdenken in Gang zu setzen. Ein Beispiel: Wenn sich herausstellt, dass Sie zu Geiz neigen, dann denken Sie zunächst einmal über Ihre Einstellung zu Geld nach. An diesem Punkt sollten Sie dann aber nicht stehen bleiben, denn wer aus seiner astrologischen Konstellation heraus Geiz zeigt, neigt auch oft zu knauserigem Umgang mit seinen Gefühlen!

# Grundsätze

Bevor Sie jedoch mit Ihrer ersten Legung beginnen, hier noch einige wichtige Punkte, die im Umgang mit den »Karten des Himmels« unbedingt zu beachten sind:

1 Als oberster Grundsatz gilt, dass die Arbeit mit den »Karten des Himmels« nicht dazu missbraucht werden sollte, Eigeninitiative und Eigenverantwortung völlig abzulegen. Nutzen Sie die Karten als Hilfe zur Selbsthilfe und niemals als Grund für die totale Selbstaufgabe, denn durch den Verlust der eigenen Entscheidungsfähigkeit werden Sie keines Ihrer Probleme wirklich zufrieden stellend lösen können.

2 Sorgen Sie für eine entspannte Atmosphäre in Ihrem Umfeld, wenn Sie die Karten befragen wollen. Schalten Sie Störfaktoren wie klingelnde Telefone, TV-Werbung oder hektischen Verkehrslärm, der durch ein offenes Fenster eindringt, weitestgehend aus. Angenehme Begleitung für eine Kartenlegung kann eine entspannende Musik im Hintergrund sein. Eine brennende Kerze verschafft auch ein wenig Behaglichkeit als Unterstützung für Ihre Arbeit mit den »Karten des Himmels«.

3 Als geeignete Arbeitsfläche eignet sich hervorragend eine Tischplatte aus Holz. Vielleicht mit einer Tischdecke in warmen, dunkleren und ruhigen Farbtönen. Unruhige grelle Muster stören Ihre Konzentrationsfähigkeit, lenken ab und sollten eher vermieden werden.

4 Wenn Sie nun »Ihr« neues Kartendeck mit den 12 »Karten des Himmels« das erste Mal in den Händen halten, sollten Sie es auf Ihre Person harmonisieren. Dazu halten Sie das komplette Deck mit der bebilderten Seite nach unten in der linken Handfläche und bedecken die Oberseite mit der rechten

Handinnenfläche. Konzentrieren Sie sich für eine Ihnen angemessene Zeit auf »Ihre« Karten. So erreichen Sie eine Übertragung Ihrer ureigenen, persönlichen Energien auf die Karten. Erst jetzt ist ein intensives und präzises Arbeiten mit den Karten für Sie möglich.

5 Die Tatsache, dass Sie die Karten auf Ihre Person harmonisiert haben, ist ungemein wichtig. Das bedeutet, dass auch die allerbeste Freundin, die eigene Tochter oder eine ähnlich vertraute Person nicht mit Ihren Karten experimentieren sollte!

Sie können für andere Menschen Karten legen, sollten sie ihnen aber nicht ausleihen. Die Ergebnisse der Legungen könnten verfälscht sein, und genaue Aussagen der Karten sind schon gar nicht mehr möglich.

6 Nach Beendigung Ihrer Kartenlegung verwahren Sie das Kartendeck bitte in einem Kästchen oder in einem Samtbeutel. Ein offenes Liegenlassen des Decks kann zu Irritationen der Aussage bei der nächsten Legung führen.

7 Wie oft sollten Sie die Karten befragen? Von der Dreierlegung und der Karte des Verborgenen einmal abgesehen, empfiehlt es sich, nicht öfter als zwei bis drei Mal pro Woche die Karten für sich selber zu befragen. Schon um den Gewohnheitsaspekt und eine Überreizung zu vermeiden, ist in diesem Fall weniger dann doch mehr. Für andere Menschen können Sie die Karten bei ernsthafter Fragestellung beliebig oft befragen.

8 Vermeiden Sie unbedingt Ja und Nein Fragen! Zum Beispiel die Frage: »Wird mein Ex wieder zu mir zurückfinden?« Die »KARTEN DES HIMMELS« können nicht mit einem Nein oder einem Ja antworten!

9 Wenn die Karten schweigen und Sie keine klare Antwort auf Ihre Frage erhalten, dann kann dies ein Hinweis darauf sein, dass Ihre Fragestellung zu komplex war. Formulieren Sie Ihre Frage dann klarer und eindeutiger und legen Sie die Karten erneut. Ein weiterer Grund, weshalb Sie vielleicht einmal keine

Antwort erhalten, kann sein, dass Sie die Karten zu einem völlig ungeeigneten Zeitpunkt befragt haben. In diesem Fall hilft leider nur ein wenig Geduld! Wiederholen Sie Ihre Frage in zwei bis drei Wochen. Meist ist spätestens dann die Zeit reif für eine aussagekräftige Antwort.

10 Das Mischen der »Karten des Himmels« ist ein besonders wichtiger Punkt. Die 12 Karten werden nicht wie ein herkömmliches Kartendeck oder Kartenspiel auf der Hand gemischt, sondern mit der bebilderten Vorderseite nach unten auf dem Tisch liegend. Legen Sie anschließend Ihre Handinnenfläche auf die lose verteilten Karten und vermengen Sie diese durch leichtes Hin-und-Her-Bewegen der Hand. Nur so ist gewährleistet, dass die Karten in den gelegten Konstellationen ihren Weg finden. Nach dem Mischen nehmen Sie die Karten wie gewohnt auf und bilden einen Stapel. Die weitere Vorgehensweise wird in den Kapiteln zu den einzelnen Legesystemen genau erläutert.

# Konzentrationsübung

Ihre Konzentrationsfähigkeit ist die wichtigste Voraussetzung für einen befriedigenden Umgang mit den »Karten des Himmels«. Sie hilft Ihnen, sich zu öffnen, um das Wesentliche zu erkennen. Denn viel zu oft ist man von innerer Unruhe geplagt, gerade wenn ein aktuelles Problem oder Schwierigkeiten den Alltag erschweren.

In einer solchen Situation die Karten zu befragen, kann sehr hilfreich sein, aber eben nur, wenn Sie auch die nötige Ruhe und Konzentrationsfähigkeit haben. Denn wenn es Ihnen an Ausgeglichenheit mangelt, dann fehlt oft auch die nötige Konzentration.

Deshalb möchte ich Ihnen an dieser Stelle noch eine kurze, hilfreiche Übung anbieten. Sie wird Ihnen helfen, die angebrachte Konzentration zu finden.

Wählen Sie aus den 12 »Karten des Himmels« eine Karte aus, vielleicht Ihre Lieblingskarte oder Ihr persönliches Tierkreiszeichen.

Schauen Sie diese Karte mit der Sternenkonstellation und den Symbolen in aller Ruhe an. Richten Sie Ihren Blick auf die Mitte der Karte und lassen ihn dort für einen Moment ruhen. Danach folgen Sie ganz langsam dem auf der Karte sichtbaren Strudel, der die Sternenkonstellation des Tierkreiszeichens umgibt. Lassen Sie sich von dem Sog führen und folgen Sie ihm für einige Minuten, bis Sie langsam ein Gefühl von Ruhe und Ausgeglichenheit erreicht haben.

Sollten Sie ein Problem damit haben, indem Sie beispielsweise zeitlich zu weit abschweifen, dann könnten Sie sich auch einen Wecker stellen, damit die Dauer der Übung auf drei Minuten begrenzt wird. Aber natürlich können Sie die Zeit der Konzentrationsübung auch verlängern. Allerdings sollten Sie nie länger als 8 bis 10 Minuten dafür ansetzen.

Wenn Sie jetzt das Gefühl haben, über ausreichend Konzentrationsfähigkeit zu verfügen, können Sie den »KARTEN DES HIMMELS« Ihre Fragen stellen.

Doch kommen wir nun zu den ausführlichen Erklärungen der 12 Karten.

# Die Bedeutung
## der einzelnen Karten

Die Anzahl der Tierkreissternbilder war nicht zu allen Zeiten gleich. In den letzten Jahrhunderten hat es sich eingebürgert, mit den 12 herkömmlich bekannten Tierkreiszeichen zu arbeiten.

In diesem Kapitel geht es um ihre historischen Wurzeln, ihren mythologischen Ursprung und darum, für welche Persönlichkeitsaspekte sie stehen. Die markantesten Persönlichkeitsaspekte liefern die Schlüsselbegriffe, die Sie auf jeder der 12 »Karten des Himmels« finden. So wird schon während der Kartenlegung eine erste, konkrete Aussage zur Fragestellung sichtbar.

Schon nach kurzer Zeit und mit ein wenig Übung haben Sie den Umgang mit den Karten gelernt und werden feststellen, wie einfach es ist, Antworten auf all Ihre Fragen zu bekommen.

# Der Widder

21. März - 20. April

## Der Mythos

Das astrologische Symbol des Widders findet sich erstmals in den Tierkreisdarstellungen des alten Ägyptens. Auch in der griechischen Mythologie taucht der Widder auf.

Der Meergott Poseidon verwandelte die schöne Nephele in ein Schaf, um selbst in Gestalt eines Widders mit ihr seine Gattin Amphitrite zu betrügen. Ergebnis dieser Affäre war ein goldener Widder, der dem Kriegsgott Ares geopfert wurde. Dabei wurde dem Widder das Fell abgezogen, das berühmte goldene Vlies, und anschließend im Arestempel aufgehängt, wo es von einem Drachen bewacht wurde. Zeus erwies dem geopferten Widder seine Achtung, indem er ihm einen Platz am Himmelszelt gab.

## Persönlichkeitsaspekte

Der Widder ist das erste Tierkreiszeichen und besitzt eine vorwärts drängende, fast rohe Energie und den untrüglichen Instinkt für alle Aktionen und für Führerschaft.

Der Widder wird vom Mars regiert. Ein Umstand, der sich vor allem durch seine Tollkühnheit und sein Draufgängertum ausdrückt.

Er ist unternehmungslustig, manchmal sehr überzogen, aber immer voller Optimismus.

Direkt, dynamisch, selbstsicher ist der Widder, geradlinig verfolgt er sein Ziel. Verliert er sein Ziel allerdings aus den Augen, wird er launisch. Egal ob männlich oder weiblich, besitzt er eine ausgeprägte kreative Ader.

Konkurrenz ist eine Herausforderung für den Widder, er ist ungeduldig und schätzt seine Unabhängigkeit.

Er ist der typische Eroberer und möchte stets spüren, dass er in dieser Welt etwas zu bewegen vermag. Versagt er dabei, ist er nachtragend und braucht eine Weile, um seine Niederlage zu verarbeiten.

Manchmal übersieht der Widder allerdings, dass spontane Aktionen auch zu Fehlern führen können, aber das Beheben solcher Probleme bietet ihm weiteren Reiz.

Bei allzu intensiver Selbstbetrachtung neigt der Widder dazu, sich zu langweilen und man spürt seine Ungeduld.

Unter einer rauen Schale versteckt sich oft auch ein wenig Naivität und eine tiefe Verletzlichkeit.

Der Widder ist loyal, ein intensiver Familienmensch, auf den man bauen kann und der den Spagat zwischen Privatem und Beruf meist mit Bravour meistert.

Das Motto des Widders lautet: »Ich bin!«

### Schlüsselbegriffe

selbstbewusst
dynamisch
verlässlich

*auf dem Kopf*

ungeduldig
eigensinnig
nachtragend

# Der Stier

21. April - 21. Mai

## Der Mythos

Der Stier zeigt sich mythologisch auf vielen Ebenen. Schon die Babylonier und die alten Römer kannten die Kraft und Leidenschaft dieses Tierkreiszeichens.

Am eindrucksvollsten tritt der Stier aber in der griechischen Mythologie auf.

In seinem Werben um die phönizische Königstochter Europa verwandelte sich Zeus in einen wunderschönen Stier. Er mischte sich unter die Rinderherde von Europas Vater und als diese ihn dort sah, konnte sie seiner strahlenden, erotischen Erscheinung nicht widerstehen. Europa schwang sich auf den Rücken des Stieres und Zeus stürmte mit ihr über das Meer nach Kreta. Dort zeigte er ihr sein wahres Gesicht und vereinte sich mit ihr. Da die Stiergestalt Zeus so gute Dienste geleistet hatte, verewigte er den Stier in einem aus 14 Sternen bestehenden Sternenbild.

## Persönlichkeitsaspekte

Der Bulle, solide, nährend und stabilisierend, ist das Symbol dieses Zeichens.

Er repräsentiert die sinnbildliche Kraft und Stärke, die mit viel Leidenschaft gepaart ist.

Von der Venus regiert, sind Stiere lebenslustig und unbeschwert. Um den kleinen Fallen des Lebens zu entgehen, sind sie mit einem gesunden Maß an Instinkt versehen.

Der Stier liebt die schönen Dinge des Lebens und ist ästhetischen Dingen und gutem Essen sehr zugetan. Ein gutes Verhältnis zum eigenen Körper zeichnet ihn aus.

Stiere können sehr gut organisieren, Wissen vermitteln, und sie sind extrem zuverlässig.

Diese Zuverlässigkeit wird ihnen manchmal durch ihre Gutmütigkeit zum Verhängnis.

Sorgfalt, Geduld und Fleiß unterstreichen ihren gesunden Menschenverstand.

Stiere formen feste Bindungen zu ihren Liebsten, zu Heim und Besitztümern. Sie neigen dazu, unbeherrscht und rechthaberisch ihr Revier zu verteidigen. Dabei verstecken sie durch diese Verhaltensmuster oft nur die eigene Empfindlichkeit.

Das Motto des Stieres: »Ich besitze!«

**Schlüsselbegriffe**

lebenslustig
zuverlässig
gutmütig

*auf dem Kopf*

unbeherrscht
rechthaberisch
empfindlich

# Der Zwilling

22. Mai - 21. Juni

## Der Mythos

Auch hier findet sich die aussagekräftigste, mythologische Bedeutung im alten Griechenland.

Das Menschenkind Leda wurde von Zeus in Form eines Schwanes verführt. Leda gebar zwei Eier, aus dem einen gingen die Götter Pollux und Helena hervor und aus dem anderen Ei entschlüpften Castor und Klytämnestra.

Castor und Pollux wuchsen zusammen auf und waren durch ein tiefes Band der Freundschaft verbunden. In einer gemeinsam geführten Schlacht kam Castor zu Tode und Pollux war untröstlich über den Verlust seines Bruders. Zeus war so tief von dieser innigen Bruderliebe beeindruckt, dass er beide an den Himmel hob, wo sie als Sternbild Gemini (Zwilling) ewig ungetrennt beieinander sein können.

## Persönlichkeitsaspekte

Der Zwilling ist das vielschichtigste und veränderlichste Zeichen. Selbst an der Vielschichtigkeit der Menschen und des Lebens interessiert, ist der vom Merkur regierte Zwilling ein wahres Talent der Kommunikation. Man bemerkt bei Zwillingen häufig brillante Einsichten und intelligente Bemerkungen mit Esprit, aber sobald es an die Vertiefung gemachter Aussagen geht, fliegen sie wie ein ruheloser Schmetterling davon.

Langeweile und das Zeigen von Gefühlen sind für den Zwilling große Schwachpunkte, die eigene Kreativität muss gelebt werden. Mentale, mündliche und schriftliche Beschäftigungen sind hervorragende Arbeitsbereiche für einen Zwilling.

Die Energie eines Zwillings ist notorisch asexuell und unmoralisch. Zwillinge müssen einen großen Aktionsradius ihr eigen nennen und es muss genügend Freiraum für Experimente gegeben sein. Gerade in Partnerschaften kann es so zu einem Ausbrechen kommen, denn die Treue fällt dem Zwilling eher schwer.

Der Zwilling ist das ewige Kind, spielerisch, suchend, gesellig und erfrischend. Ein großes Maß an Labilität und Geltungsbedürfnis unterstreicht dieses Zeichen.

Das Motto des Zwillings: »Ich kommuniziere!«

## Schlüsselbegriffe

kreativ
kommunikativ
flexibel

*auf dem Kopf*

untreu
labil
geltungsbedürftig

## Der Krebs

22. Juni - 22. Juli

### Der Mythos

In den mythologischen Erzählungen Griechenlands hatte Herkules eine umfangreiche Sühneaufgabe abzuleisten. Weil er Frau und Kinder des Königs Eurystheus umgebracht hatte, musste er 12 gefährliche Aufgaben bewältigen. Eine dieser Aufgaben bestand darin, die Schlange Hydra zu töten.

Herkules hatte allerdings einen schweren Stand bei seinem Kampf gegen Hydra, denn jedes Mal, wenn er ihr den Kopf abschlug, wuchsen zwei neue Köpfe nach.

Um die Aufgabe noch schwieriger zu machen, sendete die Göttin Hera einen riesigen Krebs an den Ort des Geschehens. Herkules gelang es, den Krebs mit dem Fuß zu zertreten und anschließend die Hydra zu besiegen.

Hera würdigte den Krebs, indem sie ihn ins Firmament erhob.

### Persönlichkeitsaspekte

Der Krebs, der eigentlich biologisch gesehen eine Krabbe ist, repräsentiert die emotionale Bindung an die Familie. Sicher und besonnen beschreitet er seinen Weg in den wässrigen, unbekannten Tiefen des Lebens. Er agiert gern konservativ und hat zum Schutze seiner innerlichen Verletzbarkeit einen dicken Panzer als Schutzmantel. Diesen Schutzmantel nutzt er auch gerne, um sich vor lauter Feigheit zu verstecken.

Da die Krebse vom Mond regiert werden, sind sie meist sehr gefühlvoll, sensibel und ihre Stimmungen können sehr schwanken.

Krebse brauchen immer etwas oder jemanden, dem sie sich widmen oder um den sie sich mit Hingabe, Zuneigung und Hilfsbereitschaft kümmern können.

Sie brauchen das Gefühl der Anerkennung und Bestätigung. An ihren Besitztümern hängen Krebse mit aller Macht, und versucht jemand, sie darum zu erleichtern, setzen sie all ihre Kraft ein, um dies zu verhindern.

Ein guter Geschäftssinn lässt einen Krebs nicht in unsichere finanzielle Situationen schlittern. Allerdings ist dieser Geschäftssinn so stark ausgeprägt, dass er meist von sehr berechnenden Gründen gesteuert wird.

Das Motto des Krebses: »Ich gehöre dazu!«

## Schlüsselbegriffe

gefühlvoll
hilfsbereit
besonnen

*auf dem Kopf*

sensibel
feige
berechnend

# Der Löwe

23. Juli - 23. August

## Der Mythos

In den mythologischen Erzählungen Griechenlands hatte Herkules, wie schon beim Krebs erwähnt, eine umfangreiche Sühneaufgabe abzuleisten. Weil er Frau und Kinder des Königs Eurystheus umgebracht hatte, musste er 12 gefährliche Aufgaben bewältigen. Eine weitere dieser Aufgaben bestand darin, den gefährlichen Löwen von Nemea zu töten und sein Fell abzuziehen.

Obwohl dieser Löwe aber kein gewöhnlicher Löwe war, sondern ein fast unbesiegbares Fabeltier, versuchte Herkules mit Schwert, Keule und Pfeil sein Werk zu vollbringen. Mit diesen Waffen war dem Löwen allerdings nicht beizukommen und er überstand den Angriff so gut wie unverletzt.

Da versuchte Herkules, den Löwen mit bloßen Händen zu erwürgen! Es gelang ihm tatsächlich und er wappnete sich mit dem Fell, den Klauen und dem Kopf des Löwen als Rüstung für seine weiteren Aufgaben.

Zeus erwies dem Löwen seinen Respekt und erhob ihn an das Himmelszelt, wo man ihn in einem aus 14 Sternen bestehenden Bild sehen kann.

## Persönlichkeitsaspekte

Der Löwe wird von der Sonne regiert und so strahlt dieses Zeichen Kraft, Energie und Stärke aus.

Das spiegelt sich in der Berufswelt des Löwen durch arbeitsames und fleißiges Verhalten wieder. Löwen sind gute Organisatoren und haben die Tendenz zur Führungskraft. Individualismus, gepaart mit dem Wunsch, im Mittelpunkt zu stehen, macht den Löwen zu einer ausgeprägten Persönlichkeit. Großzügig hilft der Löwe wo er kann. Wer einen Menschen dieses Zeichens zum Freund gewinnt, hat einen loyalen, ehrlichen und standhaften Partner.

Seine Liebe zum Drama, oft durch ein Übermaß an Eigensinn ausgelöst, kostet den Löwen oft die Sympathien seiner Mitmenschen. Konservativ und wenig kritikfähig, hat der Löwe auch sonst so manches Problem selbst gestaltet. In der Partnerschaft ist Eifersucht ein intensives Thema.

Durch den ausgeprägten Wunsch nach Anerkennung kann es dem Löwen passieren, dass er leichtgläubig auf Strahlemänner hereinfällt, die nur seine Gutmütigkeit ausnutzen wollen. Aber der ungebrochene Wille nach Fortkommen hilft meist, diese Situationen gut zu überstehen.

Das Motto des Löwen: »Ich schaffe!«

## Schlüsselbegriffe

stark
großzügig
ehrlich

*auf dem Kopf*

eifersüchtig
konservativ
leichtgläubig

# Die Jungfrau

24. August - 23. September

## Der Mythos

Der Legende zufolge handelt es sich bei der Jungfrau um die Tochter von Zeus und Themis. Sie war die Göttin der Gerechtigkeit und soll die Erde aus Enttäuschung über die Menschen verlassen haben. Als Vertreterin des Rechts diskutierte sie selbst immer wieder mit den Menschen über Gerechtigkeit. Als sie aber merkte, dass die Gerechtigkeit eine immer kleinere Rolle auf Erden spielte, wandte sie sich von den Menschen ab und flog zum Himmel.

Auch in einer weiteren Gestalt der griechischen Mythologie wird das Vorbild für das Sternbild Jungfrau vermutet: Persephone, der schönen Tochter von Zeus und Demeter, der Göttin für Landwirtschaft, Fruchtbarkeit und Heirat. Als Persephone plötzlich von Hades in die Unterwelt entführt wurde, weil er sie zur Frau wollte, strafte die traurige und wütende Demeter die Erde. Sie ließ die Ernten so lange ausfallen, bis Zeus einen akzeptablen Kompromiss fand. Persephone sollte einen Teil des Jahres bei ihrem Mann und den anderen Teil bei ihrer Mutter leben. Zeus gab Persephone zum Dank einen Platz am Sternenhimmel.

## Persönlichkeitsaspekte

Die Jungfrau, durch den Merkur regiert, hat einen starken Bezug zum Körper. Physische Existenz, Alltagsleben und dessen Details sind außerordentlich wichtig. Jungfrauen glauben an die Vernunft, lieben Ordnung, Methode und System, sind gute Beobachter und oft Spezialisten. Jungfrauen tun Dinge um der Dinge willen, weniger für Lohn und Anerkennung. Befriedigung bringt ihnen die erledigte Arbeit, nicht das Lob dafür. Sie stellen hohe Perfektionsansprüche, alles soll genau, vernünftig und zu etwas nützlich sein. Verschwendung mögen sie nicht und deshalb kann man ihre konsequente Sparsamkeit schätzen. Das Pflichtbewusstsein hat einen hohen Stellenwert bei diesem Zeichen. Unterstützt wird dieser Aspekt von einer ausgeprägten Willensstärke.

Eine Jungfrau neigt dazu, sich im Detail zu verlieren und im Suchen nach Garantien, Regeln und Prinzipien stecken zu bleiben. Dabei wird auch ihr Wankelmut sichtbar. Die Jungfrau ist ein Zeichen der schnellen Umorientierung ohne Rücksicht auf Verluste. Die Jungfrau lebt gleichsam nur in »rationierten« Dosierungen. »Alte Jungfer« oder »Schulmeister« sind Facetten der Jungfrau und so wirken sie auch oft eingebildet und taktlos.

Das Motto der Jungfrau: »Ich vervollkommne und diene!«

## Schlüsselbegriffe

willensstark
pflichtbewusst
sparsam

*auf dem Kopf*

eingebildet
wankelmütig
taktlos

# Die Waage

24. September - 23. Oktober

## Der Mythos

Das Sternzeichen Waage, das aussieht wie eine Apothekerwaage, wird mit dem Sternzeichen Skorpion in Verbindung gebracht: In den Waagschalen sahen die Menschen im alten Griechenland noch die Scheren des Skorpions. Darauf deuten auch die arabischen Sternennamen hin, die sie als »südliche Schere« und »nördliche Schere« bezeichnen. Julius Cäsar sorgte bei seiner Reform des Kalenders dafür, dass es die Waage in den Tierkreis geschafft hat.

## Persönlichkeitsaspekte

Die Waage, von der Venus regiert, liebt das Schöne, die Kunst und Kultur. Die in diesem Zeichen Geborenen brauchen und schaffen eine schöne harmonische Umgebung. Sie wollen es allen recht machen, gehen auf andere zu und betonen das Gemeinsame und Verbindende. Ein Beispiel: Willst du Kaffee? Wenn du einen nimmst, nehme ich auch einen. (Ein Widder würde sagen: Ich will Kaffee! Willst du auch einen?) Feinfühlig und gutmütig geht die Waage auf ihre Mitmenschen ein.

Sie ist ein Vermittler, der Verbindung schafft, Gegensätze überbrückt und Konflikte ablehnt in der manchmal richtigen und manchmal falschen Meinung, dass sich der Konflikt von selbst löst, wenn man nur lang genug abwartet. Verständnis ist bei diesem Zeichen eine wichtige Gabe. Die Waage gilt als »Ehe-Zeichen«. Mit Hilfe eines Partners soll ein Gleichgewicht erlangt werden, gemäß dem Motto »Du bist alles, was mir fehlt«. Erst über das Du erfährt ein Waage-Typ sich selbst; der andere ist für ihn wie ein Spiegel.

Der Waage-Typ bleibt meist in einer schöngeistigen Oberfläche stecken, meidet die Tiefen des Lebens, weicht allen Härten aus und glaubt häufig an die eigene Überheblichkeit. Er hat keine Angst vor Sympathieverlust, ist mal gefälliger Ja-Sager ohne Charakter und eitler Snob und mal Ästhet und Schöngeist, der alles durch seine rosarote Brille sieht.

Das Motto der Waage: »Ich gleiche aus!«

## Schlüsselbegriffe

feinfühlig
liberal
verständnisvoll

*auf dem Kopf*

überheblich
launisch
phlegmatisch

# Der Skorpion

24. Oktober - 22. November

## Der Mythos

Das Sternbild des Skorpions stammt der Erzählung nach aus den Sagen um Orion. Orion war ein guter Jäger, der aber auch gern mit seinen Erfolgen prahlte. Außerdem verstand er es durch sein gutes Aussehen, viele Frauen um den Finger zu wickeln.

Über den Tod Orions gibt es aber verschiedene Geschichten. In einer spielt der Skorpion die Hauptrolle. Er soll von den Göttern geschickt worden sein, als Orion sich zu sehr mit seinen Jagdkünsten brüstete. Der Skorpion soll den Jäger dann mit seinem Stich vergiftet haben. Die verhängnisvolle Beziehung Orion-Skorpion wird auch in der Konstellation am Sternenhimmel deutlich: Wenn der Skorpion erscheint, geht der Orion unter.

Eine andere Bedeutung sehen Indianer in dem Zeichen des Skorpions. Einige sehen darin eine große Schlange mit aufgerissenem Maul, andere den Fußabdruck eines Hasen.

## Persönlichkeitsaspekte

Der Skorpion, vom Mars betont, liebt Intensität, will hinter die Dinge blicken und schreckt dabei vor nichts zurück. Seine Gefühle gehen tief. Er ist fasziniert von allem Dunklen und Geheimnisvollen, von Geburt, Tod, Sexualität und Macht. Er kennt alle Abgründe des Lebens, aber keine Halbheiten und Kompromisse. Er durchschaut andere gut, erkennt den wahren Kern und setzt gerne bei anderen den Finger auf den wunden Punkt. Seine Handlungen sind immer zielgerichtet, dynamisch und leidenschaftlich. Sie sollen etwas bewirken und in Gang bringen. Selbstlos wird das Ziel verfolgt. Pläne werden mit Zuverlässigkeit und viel Energie umgesetzt. Mit einem guten Maß an Kontaktfreudigkeit ist der Skorpion neuen Menschen gegenüber immer sehr aufgeschlossen.

Der Skorpion-Typ verachtet Schwächen und versucht seine Fehler zu verstecken. Andere macht er gerne seelisch von sich abhängig und zieht sie, vor allem im erotisch-sexuellen Bereich, in seinen Bann. Bezugspersonen werden zu Objekten, mit denen er experimentiert. Dieses Verhalten wirkt kalt und heimtückisch und kann einer gewissen Überheblichkeit kaum entbehren.

Das Motto des Skorpions: »Ich erneuere!«

## Schlüsselbegriffe

selbstlos
kontaktfreudig
leidenschaftlich

*auf dem Kopf*

kalt
heimtückisch
arrogant

# Der Schütze

23. November - 21. Dezember

## Der Mythos

Die Griechen sahen in dem Zeichen des Schützen einen Zentauren. Diese Wesen, die zur Hälfte Mensch und Pferd waren, sollen in den Bergwäldern gelebt haben.

Der Schütze ist Krotos – Sohn der Eupheme und des Pan. Krotos galt nicht nur als sehr weiser Lehrer vieler Göttersöhne, sondern auch als erster Schütze: Er soll Pfeil und Bogen erfunden haben. Doch genau diese wurden zu seinem Verhängnis. Denn als Krotos, der unsterblich war, sich mit einem vergifteten Pfeil selbst traf, erlitt er eine schwere Verletzung. Diese bereitete ihm von da an solche Schmerzen, dass er sich nichts sehnlicher wünschte, als den Tod. Zeus gab ihm dann einen Platz am Sternenhimmel.

Andere Kulturen erkannten in dem Sternzeichen Schütze unter anderem ein Pferd oder den Kopf eines Pferdes.

## Persönlichkeitsaspekte

Der Schütze, vom Jupiter regiert, braucht eine Vision. Er glaubt an Ideale und sucht in allem nach einem Sinn. Er strebt nach Weite und neuen Horizonten im konkreten und übertragenen Sinn. So schießt er seinen Pfeil auf ein Ziel ab, ohne sich groß um die Details der Verwirklichung zu kümmern. Tauchen Schwierigkeiten auf, gibt er oft zu schnell wieder auf und sucht sich etwas Neues, an dem sich sein Feuer und seine Begeisterung entzünden kann.

Er sieht die Möglichkeiten und Zusammenhänge hinter den Geschehnissen und versucht, diese zielstrebig zu verfolgen. Er vertritt selbstsicher eine ausgeprägte eigene Meinung und setzt seinen Willen geschickt ein, ohne mit dem Kopf durch die Wand zu gehen. Er geht warmherzig mit ihm wichtigen Menschen um.

Seine immer wieder zum Vorschein kommende Streitsucht schwächt diese Warmherzigkeit allerdings wieder etwas ab. Der Schütze ist ein »Hans-guck-in-die-Luft«, der in der materiellen Welt das Nächstliegende übersieht. Er neigt zu Unausgeglichenheit und Oberflächlichkeit, zu geistigem und moralischem Hochmut und zur naiven Annahme, dass allein die Beschäftigung mit »höheren Dingen« ihm Überlegenheit gibt. Er lässt sich von Titeln und äußerem Schein beeindrucken.

Das Motto des Schützen: »Ich strebe!«

**Schlüsselbegriffe**

zielstrebig
selbstsicher
warmherzig

*auf dem Kopf*

unausgeglichen
streitsüchtig
oberflächlich

# Der Steinbock

22. Dezember - 20. Januar

## Der Mythos

Der Steinbock ist in der griechischen Mythologie als Pan, der Gott des Waldes und der Weide, zu finden. Wie er zu seinem Aussehen kam, das an eine Ziege mit Fischschwanz erinnert, wird recht unterschiedlich beschrieben.

Einer Legende nach tat er es, um hübsche Nymphen zu beeindrucken: Der Götterknabe traf auf einem Feld auf fröhliche Nymphen. Um sich ihre Aufmerksamkeit und Bewunderung zu sichern, verwandelte sich Pan in eine Ziege mit Fischschwanz. Der König der Götter, Zeus, soll von dieser Vorstellung so begeistert gewesen sein, dass er Pan an den Sternenhimmel brachte.

Einer anderen Erzählung zufolge erhielt Pan sein Sternzeichen von Zeus, weil er diesen im Kampf gegen den Titanen Typhon gerettet hatte. Die Götter hatten sich als Tiere getarnt, um Zeus zu helfen. Pan schlüpfte also in die Gestalt eines Steinbocks mit Fischschwanz und konnte zusammen mit Hermes, der sich in einen Ibis verwandelt hatte, Zeus aus der Gefangenschaft des Typhons befreien.

## Persönlichkeitsaspekte

Der Steinbock, vom Saturn regiert, steht mit beiden Beinen auf dem Boden der Realität. Er trägt Verantwortung, ist zu harter Arbeit fähig und hält sich an Hierarchien, Formen und Regeln. Indem er sich ideenreich und mit viel Ausdauer den Herausforderungen des Lebens stellt und Schwierigkeiten überwindet, wird er zur Autorität mit großer Leistungskraft. Als bodenständiger Realist passt er sich den äußeren Fakten an und versucht extrem ausdauernd, das Bestmögliche damit zu erreichen.

Der Steinbock neigt zu Ehrgeiz und Karrierestreben und richtet sein Verhalten nach den gesellschaftlichen Erwartungen.

Eiserne Selbstdisziplin artet oft in fatale Sturheit aus und ehrgeizige Ziele können ihn hart und unmenschlich werden lassen. Die Früchte der Arbeit will der Steinbock für sich genießen. Ungern gibt er davon etwas ab. Das lässt ihn geizig erscheinen. Skeptisch und hinterfragend nähert er sich allen Menschen, die versuchen, ihn zu durchschauen.

Das Motto des Steinbocks: »Ich ordne!«

## Schlüsselbegriffe

ideenreich
bescheiden
ausdauernd

*auf dem Kopf*

geizig
stur
skeptisch

# Der Wassermann

21. Januar - 18. Februar

## Der Mythos

Um das Zeichen des Wassermann – eine männliche Gestalt, die einen Krug ausleert – ranken sich mehrere Legenden. Zum einen sieht die griechische Mythologie im Wassermann denjenigen im Olymp, der den Göttertrank mixte – aus Wasser und Nektar.

Zum anderen erinnert das Sternbild an Deukalion. Er und seine Frau Pyrrha überlebten als einzige die große Flut, mit der Zeus die Menschen für Habgier und Heimtücke bestrafte. Der Götterkönig hatte angesichts der beiden Unschuldigen Gnade walten lassen und die Wassermassen gestoppt.

Deukalion und Pyrrha bedankten sich bei Zeus und flehten ihn um Rat an, er möge doch sagen, wie es ihnen möglich sei, neue Menschen zu schaffen.

Sie sollten die »Gebeine der großen Mutter« hinter sich werfen. Deukalion und Pyrrha zögerten und überlegten eine Weile, bis ihnen klar wurde, dass mit der »großen Mutter« die Erde gemeint war. Also warfen sie Steine der Erde hinter sich, aus denen dann wieder Menschen wurden.

## Persönlichkeitsaspekte

Der Wassermann, von Saturn und Uranus regiert, steckt voller Ideen und will Zusammenhänge erkennen. Er hat Teamgeist und guten Überblick und ist auf Zukunft und Neuerungen ausgerichtet. Individuelle Eigenart und persönliche Freiheit sind ihm sehr wichtig, ebenso gleiches Recht für alle. Er geht seinen eigenen Weg und schert sich nicht um gesellschaftliche Normen und Verhaltensregeln.

Er fühlt sich als einmaliges Individuum und gleichzeitig als Teil einer großen menschlichen Familie, vergleichbar einer Zelle in einem Organ. Selbst gewählte Freunde sind oft wichtiger als die eigene Familie.

Wassermänner sprechen gern über prächtige Visionen und Ideale, ohne auch nur zu versuchen, diese zu verwirklichen. Sie sind Rebellen und Sonderlinge, die auf dogmatische Art an ihrem »Speziell-Sein« und ihren Ideen festhalten. Der Wassermann hält sich oft für ein verkanntes Genie und zieht sich in einen Elfenbeinturm von Herablassung, Arroganz und emotionaler Distanziertheit zurück. Sein Bedürfnis nach Unabhängigkeit macht es ihm oft unmöglich, sich auf etwas einzulassen, und er bleibt gleichsam Zaungast des Lebens.

Das Motto des Wassermannes: »Ich reformiere!«

**Schlüsselbegriffe**

optimistisch
fröhlich
vielseitig

*auf dem Kopf*

selbstsüchtig
hämisch
unzuverlässig

# Die Fische

19. Februar - 20. März

## Der Mythos

Die Fische haben sich ihren Platz am Sternenhimmel der griechischen Mythologie zufolge als Retter Aphrodites erobert. Aphrodite, die Tochter von Zeus, ergriff mit ihrem Sohn Eros die Flucht, als ihr Vater den Himmel gegen den unheimlichen Giganten Typhon verteidigen musste. Die Zeus-Tochter versteckte sich mit ihrem Sohn am Ufer des Euphrat. Als ein Wind durch das Schilf fegte, glaubte sie, Typhon hätte sie gefunden und sprang ins Wasser. Zwei Fische nahmen die beiden auf ihre Rücken und schwammen mit ihnen in Sicherheit.

In einer weiteren Legende heißt es, Aphrodite und Eros selbst hätten sich in Fische verwandelt. Beide schwammen gerade, als das Monster Typhon ihnen Furcht einjagte. Um ihm zu entkommen, nahmen sie die Gestalt der Fische an.

## Persönlichkeitsaspekte

Der Fisch, regiert von Neptun, nimmt Stimmungen wahr, ist empfänglich für die Welt jenseits der Realität, für Religion, Meditation, Musik, aber auch für jede Art von Sucht. Er ist stark nach innen gerichtet und braucht das Allein-Sein, um sich selbst zu spüren.

Seine außergewöhnliche Feinfühligkeit erschwert es ihm, sein Ich und den eigenen Willen zu spüren und Grenzen zwischen sich und der Umwelt zu ziehen. Da er sich mit allem verbunden fühlt, ist er offen für Freud und Leid anderer und zu äußerst gefühlvollem und hilfsbereitem Handeln fähig. Tolerant kann er mit allen Perspektiven umgehen, die ihm von seinen Mitmenschen geboten werden. Traum und Fantasie sind für ihn ebenso real wie die Wirklichkeit. Seine Heiterkeit ist immer auch ein Magnet für andere Menschen.

Der Fisch neigt zu Fluchtverhalten und weicht den Schwierigkeiten und Härten des Lebens aus, indem er sich in eine Traum- und Fantasiewelt flüchtet. Dadurch provoziert er seine eigene Unbeständigkeit. Nachgiebige Schwäche hält er für Toleranz. Er neigt zu einer egoistischen Opferhaltung, für die er bedauert werden möchte. Hochmütig regiert er in der Berufswelt seine Kollegen.

Das Motto des Fisches: »Ich fühle!«

## Schlüsselbegriffe

tolerant
einfühlsam
heiter

*auf dem Kopf*

unbeständig
egoistisch
hochmütig

# Das Legen
## der »Karten des Himmels«

### Wie stelle ich meine Frage?

Sie sollten Ihre Frage so einfach und vorurteilsfrei wie es geht stellen, also kurz und prägnant formuliert. Denn die »Karten des Himmels« antworten so, wie Sie die Fragen stellen. Es gibt nur auf ernsthaft gestellte Fragen eine wirklich ernst zu nehmende Antwort. Wer zu »mogeln« versucht, um durch eine ausgefeilt formulierte Fragestellung eine positive Antwort zu erheischen, bekommt sie vielleicht auch. Richtig ist sie allerdings genauso wenig, wie die Antworten, die mit viel Fantasie vom eigenen Wunschdenken gesteuert sind. Diese Antworten sind dann so komplex, dass sie eine Vielzahl von Interpretationsvarianten zulassen.

### Was sagen mir die »Karten des Himmels« auf keinen Fall?

Die »Karten des Himmels« können keine Namen und Orte nennen, auch keine Telefonnummern, den Kontostand oder Ähnliches. Medizinische Diagnosen sind der Ärzteschaft vorbehalten. Und sie können nicht mit »Ja« oder »Nein« antworten. Wer eine solche Antwort sucht, sollte besser mit dem Pendel arbeiten.

### Muss man sich auf die Frage konzentrieren, während man die Karten mischt, abhebt, zieht und legt?

Ja! Lassen Sie sich von Ihrer aktuellen Frage leiten. Machen Sie sich also ganz genau klar, was Sie wissen möchten. Beim Mischen, Ziehen oder Legen sollten Sie sich die Frage immer wieder im Geiste vorsagen.

Bei umfangreichen Legesystemen hilft es auch, die Frage auf einem kleinen Zettel zu notieren, damit man sie immer vor Augen hat.

## Mit welcher Hand werden die Karten gemischt und gezogen?

Nehmen Sie die linke Hand zum Mischen und Legen der Karten. Denn die linke Körperhälfte gilt als unsere intuitive Seite. Aktuelle Gehirnforschungen bestätigen dies.

Auch Linkshänder sollten mit der linken Hand arbeiten. Mit der rechten Hand dagegen wird aufgedeckt, wenn die Legung abgeschlossen ist. Achten Sie darauf, dass Sie die Karten nicht etwa über Kopf wenden (und dabei Oben und Unten vertauschen), sondern lediglich »umblättern«.

## Für welchen Zeitraum gilt die Aussage der »Karten des Himmels«?

In der Regel verschaffen Ihnen die Karten einen Überblick für eine Zeitspanne von ca. drei bis fünf Monaten. Ausnahmen bilden allerdings Fragen zu einem Standortwechsel oder Umzug oder zu beruflichen Dingen. In diesen Fällen können die »Karten des Himmels« auch eine längere Zeitspanne abklären.

## Was bedeuten die umgekehrten Karten?

Liegen eine oder mehrere Karten auf dem Kopf, gilt der althergebrachte, traditionelle Weg. Umgekehrte Karten sind negativ zu betrachten. Man sieht es auch an den Schlüsselbegriffen, die ja eine entsprechende Aussage haben.

# Die acht Legesysteme

Die speziell entwickelten Legesysteme der »Karten des Himmels« sind gezielt auf bestimmte Fragestellungen ausgearbeitet.

## Verborgenes entdecken! – Die Karte des Verborgenen

Sie lenkt den Blick des Nutzers auf Wichtiges, auf Dinge, die heimlich im Verborgenen schlummern und zeigt versteckte Tendenzen auf. Man kann sie ähnlich wie die Dreierlegung täglich befragen. Man kann diese Legung in regelmäßigen Abständen, etwa alle 1 – 2 Monate befragen.

## Was bringt der Tag? – Die Dreierlegung

Welche Neuigkeiten und Tendenzen bringt mir der anstehende Tag? Entdecken Sie anhand der Persönlichkeitsaspekte Hinweise auf das bevorstehende Tagesgeschehen.

## Fragen zu Liebe und Partnerschaft – Die H-Legung

Entschlüsseln Sie Verbindungen und ergründen Sie Ursprung und Fundament bestehender Beziehungen oder sich anbahnender Partnerschaften.

## Fragen zu Finanzen und Geld – Die Kreuzlegung

Fragen zu finanziellen Belangen, Investitionen und dem Einfluss von Ämtern und Behörden werden mit diesem Legesystem beantwortet und bringen Klarheit.

## Fragen zu Beruf und Karriere – Die Stablegung

Diese Legung deckt Ressourcen, Schwierigkeiten, Chancen und Ziele im Berufsleben auf.

## Wer bin ich? – Die Kandelaberlegung

Selbsterkenntnis mit Hilfe der Karten.

Was muss ich noch lernen? Was sind die Stärken und wo liegen die Defizite meines bisherigen und kommenden Lebens?

## Was kann ich? – Die Pyramidenlegung

Erkennen Sie Ihr kreatives Potenzial. Mit Hilfe dieser Legung finden Sie Antworten zum Themenbereich Geist, Kreativität und Schöpfungskraft.

## Wie entwickelt sich mein Wohlbefinden? Die Elemente-Legung

Körperliches Wohlbefinden darstellen und erkennen! Worauf sollte ich momentan achten oder in der Zukunft ein Auge haben? Erkennen Sie die Stärken und Schwächen Ihres Körpers.

# Sechs Testpersonen
## und ihre Kurzporträts

Im folgenden Kapitel stelle ich Ihnen sechs Menschen in Kurzporträts vor. Diese ganz unterschiedlichen Menschen waren bereit, jeweils für jedes Legesystem eine ganz persönliche Frage an die »Karten des Himmels« zu richten. Mit Hilfe dieser Fragen kann ich aufzeigen, wie die Karten praktisch zu interpretieren sind.

Davon ausgenommen sind die Karte des Verborgenen und die Dreierlegung, da beide Legungen tagesaktuelle Tendenzen aufzeigen.

Anhand dieser individuellen Beispiele realer Menschen möchte ich die einfache Handhabung und Deutung der Karten und der einzelnen Legesysteme anschaulich erklären.

Diese Fallbeispiele sind aus meinem persönlichen Umfeld und während der praktischen Überprüfung in der Endphase der Buchentwicklung entstanden und keine fiktiven Geschichten. Natürlich nenne ich keine realen Namen, sondern nutze die abgekürzte Form der Namensnennung mit verändertem Vornamen aus Gründen der Diskretion.

Den Menschen, die mir ihre Lebensgeschichte, ihre Fragen und persönlichen Schicksale zur Veröffentlichung zur Verfügung gestellt haben, möchte ich auf diesem Wege herzlich danken. Denn sie haben mir maßgeblich geholfen, die Aussagekraft der »Karten des Himmels« immer und immer wieder zu bestätigen.

## Barbara W., Studienrätin, 52 Jahre

Die im Zeichen des Zwillings geborene Barbara ist eine leidenschaftliche und engagierte Frau. Sowohl im Beruf als auch privat. Das Wohl ihrer Schüler, aber auch ihre Karriere an einem angesehenen Gymnasium, lag ihr in der Vergangenheit immer sehr am Herzen.

Sie ist zum zweiten Mal geschieden und kinderlos. Ein Umstand, den sie mit zunehmendem Alter mehr und mehr bedauert.

Eine mehrmonatige Beziehung zu einem 13 Jahre jüngeren Mann ist gerade gescheitert.

## Andreas K., Student, 24 Jahre

Andreas ist im Zeichen des Schützen geboren. Der 24-jährige Single ist knapp über 1,90 Meter groß, sehr sportlich und studiert im 10. Semester Chemie. Er jobbt bei einem Pharmakonzern als Laborassistent und ein gut dotierter Arbeitsvertrag als Chemiker winkt im Anschluss an das Studium. Andreas ist ehrgeizig und scheut weder geistige noch körperliche Anstrengungen. Eigentlich könnte er mit seinem Leben und sich vollauf zufrieden sein, wenn es da nicht diese nagenden Zweifel hinsichtlich seiner sexuellen Orientierung gäbe.

## Jennifer L., Hausfrau und Mutter, 36 Jahre

Jennifer ist seit 13 Jahren verheiratet und ihre Ehe schlittert gerade in eine Krise. Außerdem macht sich die im Zeichen der Jungfrau Geborene große Sorgen um ihren 11 Jahre alten Sohn Lukas. Er ist ein Eigenbrötler und hat in der Schule erhebliche Schwierigkeiten.

Jennifer möchte sich gerne wieder stärker politisch engagieren und plant deshalb, einer lokalen Umweltorganisation beizutreten.

## Wolfgang U., Rentner, 69 Jahre

Wolfgang ist Widder und seit 7 Jahren Witwer. Der gelernte Kfz-Mechaniker hatte eine gut gehende Werkstatt, die inzwischen der jüngere der beiden Söhne übernommen hat.

Wolfgang hat eine lockere Beziehung zu seiner 16 Jahre jüngeren Steuerberaterin. Seit einigen Monaten hat er starke Probleme mit der Prostata. Außerdem sorgt er sich um seinen Enkel, dem eine Operation am Herzen bevorsteht.

## Michaela K., Sachbearbeiterin bei einer Behörde, 31 Jahre

Michaela ist Single. Ein Umstand, den die romantische, im Zeichen der Fische geborene, junge Frau sehr bedauert.

Der Traum einer Hochzeit in weiß, von einem treuen, liebevollen Partner und von mindestens zwei Kindern bestimmt einen großen Teil ihres Lebens. So bekommt ihr kleiner Yorkshire-Terrier ihre ganze Zuneigung. In ihrer Freizeit liest sie gerne und chattet mit Begeisterung im Internet. Seit zwei Monaten ist sie Mitglied in einem Fitnessclub.

## Günther T., selbstständiger Unternehmer, 42 Jahre

Der erfolgreiche Unternehmer ist im Zeichen des Stieres geboren, geschieden, sein 10-jähriger Sohn lebt bei seiner Exfrau. Günther liebt den geschäftlichen Erfolg und vor allem die Tatsache, dass er sich einen sehr luxuriösen Lebensstil leisten kann. Trotz seiner extrem ausgeprägten Eitelkeit hat er Übergewicht, sein Haar wird zusehends schütterer und erste Anzeichen von Bluthochdruck und Kurzatmigkeit deuten auf die typische Managerkrankheit hin.

Seine letzten Beziehungen waren immer nur von kurzer Dauer und endeten schon nach wenigen Wochen.

# Die Karte des Verborgenen

Diese Karte zeigt Wichtiges auf, das heimlich und versteckt im Verborgenen schlummert. Dinge, die nicht auf den ersten Blick sichtbar, aber unter der Oberfläche sehr wohl vorhanden sind. Bei der Karte des Verborgenen ist allerdings besonders darauf zu achten, dass man nicht den Fehler begeht und den Hinweis auf das scheinbar Wichtigste, das Vordergründige bezieht.

Denn allzu oft zeigt sich erst nach Ablauf mehrerer Wochen, was wirklich wichtige Ereignisse waren. So ist diese Karte, die man maximal einmal monatlich legen sollte, nicht immer zwingend auf nahe liegende Ereignisse zu beziehen, sondern weist eher auf Hintergründe hin, die langfristiger Natur sind.

Häufig sind Menschen auf ein ganz bestimmtes Ziel fixiert. Realisiert sich dieses dann nicht, macht sich Enttäuschung breit und diese färbt dann auch auf andere Bereiche des täglichen Lebens ab.

Ein Beispiel zur Verdeutlichung:

Eine junge Frau hat eine Verabredung mit einem netten Mann zu einem Rendezvous im Zoo. Sie setzt große Hoffnung in dieses Treffen, aber leider erscheint der Mann nicht. Die junge Frau ist tief enttäuscht und kann den Besuch im Zoo, trotz des schönen Wetters und vieler netter Menschen um sie herum, nicht genießen. Die Enttäuschung über das Nicht-Erscheinen ihrer Verabredung ist so groß, dass sie die wundervollen Dinge, Möglichkeiten und Chancen, die sich ihr bieten und die sie genießen könnte, gar nicht wahrnimmt.

Mit der Karte des Verborgenen gibt uns das Schicksal also die Möglichkeit, all die schönen Dinge, die das Leben bereithält, zu erkennen und alle sich daraus ergebenden Chancen auch tatsächlich zu nutzen.

Oder sie weist auf negative Tendenzen hin, die es erst selbstkritisch zu erkennen gilt, um dann entsprechend vorbereitet angemessen reagieren zu können.

### Wie erkennt man nun die verborgenen Aussagen dieser besonderen Karte?

Mischen Sie die 12 »Karten des Himmels« wie schon ausführlich beschrieben und legen Sie diese dann verdeckt fächerförmig vor sich aus.

Lassen Sie Ihre linke Hand langsam über den Fächer gleiten und wählen Sie dann die Karte aus, die Sie am meisten anzieht. Legen Sie dann die ausgewählte Karte mit der Bildseite vor sich hin. Schauen Sie die Karte in Ruhe an und beginnen Sie darüber nachzudenken, wo und in welcher Form oder Situation Ihnen die drei Schlüsselbegriffe demnächst begegnen könnten.

Diese Karte verschafft Ihnen langfristig drei wichtige Aspekte der Selbsterkenntnis!

1. Regelmäßig angewendet, werden Sie durch ein »Revue passieren lassen« des Tages spüren, dass Sie Ihren Alltag bewusster erleben. Das bedeutet, dass Sie bei aufmerksamer Wahrnehmung Ihr Leben intensiver gestalten und somit bereichern können.

2. Sie werden mit der Zeit Hinweise auf Kleinigkeiten erhalten, die Sie ohne die Karte des Verborgenen nicht erkannt oder übersehen hätten.

3. Nach häufiger Anwendung der Karte des Verborgenen verbinden Sie mit den Karten persönliche Erfahrungen. Und was macht Sie besser mit den 12 »Karten des Himmels« vertraut, als selbst erlebte Erfahrungen?

# DIE DREIER-LEGUNG

Bei der Dreier-Legung handelt es sich um eine Legung, die täglich angewendet werden kann. Entdecken Sie anhand der gelegten Karten Hinweise für das bevorstehende Tagesgeschehen. Was bringt Ihnen der anstehende Tag? Welche Chancen tun sich auf, und worauf sollten Sie besser Acht geben?

Mischen Sie die Karten, bilden Sie einen Stapel und legen Sie ihn verdeckt auf den Tisch vor sich hin. Ziehen Sie mit der linken Hand die unterste Karte des Stapels und legen Sie die Karte 1 als Erste in einer geraden waagerechten Linie von links verdeckt ab.

Ziehen Sie nun Karte Nummer 2 mit der linken Hand aus der Mitte des verbliebenen Stapels und legen Sie diese Karte verdeckt rechts neben der ersten Karte ab.

Mit der linken Hand nehmen Sie nun die oberste Karte des Stapels und legen Karte 3 rechts neben der zweiten Karte ab. Jetzt werden alle drei »KARTEN DES HIMMELS« von Ihnen mit der rechten Hand umgedreht und somit aufgedeckt. Beginnen Sie von links nach rechts.

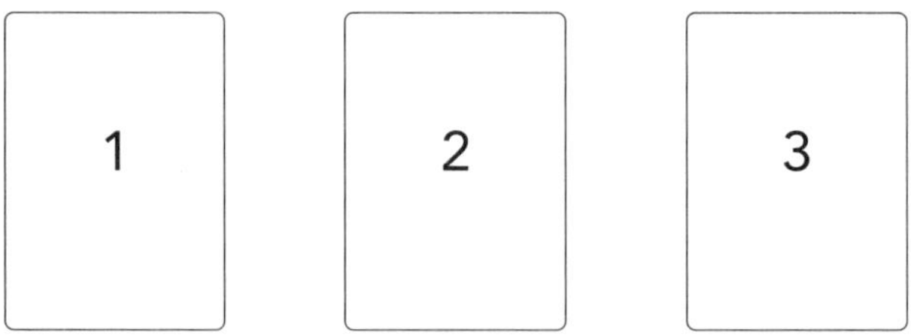

## Die Bedeutung der Karten

Die *Karte 1* steht für die **Intuition**, für alles, was unbewusst und unterschwellig in Ihnen schlummert.

Die *Karte 2* steht für die **Emotionen**, für Gefühle, die wesentliche Aspekte Ihres Tages beeinflussen werden.

Die *Karte 3* steht für das **Rationale**, für die intellektuellen Aspekte des heutigen Tages. Gibt es Dinge oder Pläne, die vielleicht noch einmal gründlich überdacht werden sollten? Oder stehen Situationen an, deren Verlauf Sie besser noch einmal überdenken und nicht zu vorschnell entscheiden sollten?

## Ein Beispiel

Wenn Sie am heutigen Vormittag ein wichtiges Vorstellungsgespräch mit einem potenziellen, neuen Arbeitgeber hätten und am Abend eine Verabredung mit Ihrer besten Freundin zu einem gemeinsamen Kinobesuch, dann wären die am Morgen gelegten drei »Karten des Himmels« wie folgt zu interpretieren:

| Löwe | Wassermann (adK) | Schütze |
|---|---|---|
| stark<br>großzügig<br>ehrlich | selbstsüchtig<br>hämisch<br>unzuverlässig | zielstrebig<br>selbstsicher<br>warmherzig |

## Die Deutung

Vertrauen Sie bei dem anstehenden Vorstellungsgespräch auf Ihre intuitive Stärke, seien Sie aufrichtig und ehrlich, auch bei provokanten Fragen. Aber Achtung: Sie neigen heute zur Großzügigkeit. Bedenken Sie dies, wenn das Thema Gehalt angeschnitten wird, indem Sie sich nicht unter Wert verkaufen.

Ihre Freundin hingegen hat sicher nichts dagegen, wenn Sie ihr nach dem Kino einen Drink spendieren. Vielleicht stoßen Sie ja auf Ihren neuen, tollen Job an.

Auf emotionaler Ebene tendieren Sie heute dazu, selbstsüchtig, hämisch und unzuverlässig zu sein. Achten Sie darauf und bemühen Sie sich, besonders pünktlich zum Vorstellungsgespräch zu erscheinen. Versuchen Sie ganz allgemein Gefühlsregungen dieser Art zu unterbinden.

Sollte ein Mensch, der Ihnen heute begegnet, Ihnen gegenüber Emotionen dieser Art äußern, so sind Sie vorgewarnt und haben alle Fäden in der Hand, diesem Menschen entsprechend Paroli zu bieten.

Auf rationaler und intellektueller Ebene sind Sie für den heutigen Tag prima gewappnet. Sie treten zielstrebig und selbstsicher auf. Ihre warmherzige Art wird nicht nur den Personalchef, sondern sicher auch Ihre Freundin erfreuen.

# Die H-Legung

Mit diesem Legesystem werden unter Verwendung von fünf »Karten des Himmels« Fragen aus dem Bereich Liebe und Partnerschaft beantwortet.

Hier sei noch einmal darauf hingewiesen, dass die Karten lediglich Tendenzen und Chancen aufzeigen, oder auf Schwierigkeiten und Reibungspunkte aufmerksam machen.

Entschlüsseln Sie zwischenmenschliche Verbindungen und ergründen Sie Ursprung und Fundament bestehender Beziehungen oder sich anbahnender Partnerschaften.

Finden Sie heraus, was Sie und Ihren Partner verbindet, welche weiblichen und männlichen Aspekte die Beziehung ausmachen und was für Gefühle die Situation begleiten.

Konzentrieren Sie sich gezielt auf Ihre Frage und mischen Sie die Karten, bilden Sie einen Stapel und legen Sie ihn wie gewohnt verdeckt ab.

Mit der linken Hand ziehen Sie aus der Mitte des Stapels die Karte 1 und legen diese verdeckt auf dem Tisch ab.

Als Nächstes ziehen Sie ebenfalls mit der linken Hand die unterste Karte des Stapels. Legen Sie diese Karte 2 verdeckt links oberhalb von Karte 1 ab.

Mit der linken Hand nehmen Sie nun die Karte 3 oben vom Stapel ab. Sie wird links unterhalb der Karte 1 verdeckt abgelegt.

Karte 4 ist die unterste Karte des verbliebenen Stapels und findet ihren Platz rechts oberhalb von Karte 1.

Die oberste Karte des restlichen Kartenstapels ist Karte 5 und wird verdeckt rechts unterhalb von Karte 1 ausgelegt.

Nun haben Sie alle fünf ausgewählten Karten in Form eines H vor sich liegen und können sie aufdecken. Beginnen Sie bei Karte 1 in der Mitte, dann folgen Karte 2 und 3 und zuletzt werden die Karten 4 und 5 mit der rechten Hand aufgedeckt.

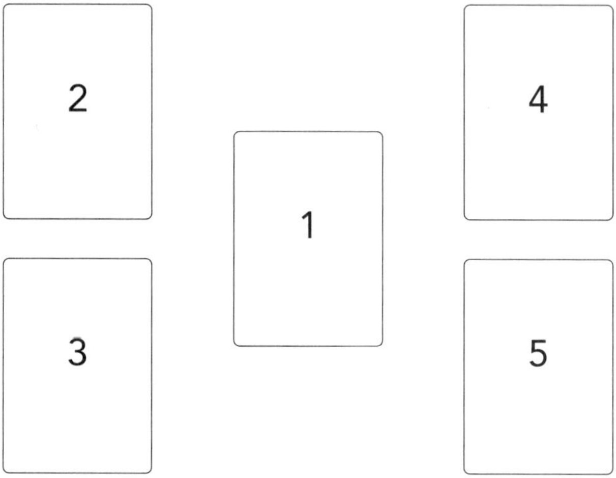


### Die Bedeutung der einzelnen Karten

*Karte 1* ist die Verbindungskarte, sie definiert, was beide Partner miteinander verbindet. Sie zeigt auch das Fundament und den Ursprung dieser Partnerschaft oder Beziehung auf.

*Karte 2* steht für das geistige, seelische Befinden des Weiblichen.

Zusammen mit *Karte 3*, die für das Herz und das körperliche Potenzial und die Stärke des Weiblichen steht, bildet sie den Venusaspekt.

*Karte 4* steht für das geistige, seelische Befinden des Männlichen.

Zusammen mit *Karte 5*, die für das Herz und das körperliche Potenzial und die Stärke des Männlichen steht, bildet sie den Marsaspekt.

Hierbei ist noch zu sagen, dass gleichgeschlechtliche Partner sich ja auch aus einem männlichen und einem weiblichen Part zusammensetzen, genauso sind sie dann auch bei der Deutung dieses Legesystems zu betrachten.

# Beispiele der Testpersonen mit »H-Legung«

## 1. Michaela K., Sachbearbeiterin bei einer Behörde, 31 Jahre

Michaelas Frage:

»Ich habe seit drei Wochen hochinteressante Gespräche im Internet-Chat mit einem tollen und sehr sympathischen Mann. Er hat mir ein Foto gesendet und sieht darauf supersüß aus. Ich bin richtig verliebt in diesen Mann. Jetzt möchte er mich unbedingt treffen. Aber auf dem Foto, das ich ihm von mir geschickt habe, wog ich 15 Pfund weniger.

Soll ich mich mit ihm treffen und könnte daraus sogar eine Partnerschaft werden?«

Ich legte die »KARTEN DES HIMMELS« für Michaela wie folgt aus:

Löwe

stark
großzügig
ehrlich

Zwilling
(adK)

untreu
labil
geltungs-
bedürftig

Jungfrau
(adK)

eingebildet
wankelmütig
taktlos

Schütze

zielstrebig
selbstsicher
warmherzig

Wasser-
mann
(adK)

selbstsüchtig
hämisch
unzuverlässig

## Die Deutung

Für Michaela sieht es nicht so gut aus. Da die Karte des Zwillings auf dem Kopf steht, ist das Fundament dieser Beziehung von Untreue geprägt. Begleitet von permanenter Labilität und Gleichgültigkeit, wäre diese Verbindung in einer ständig andauernden Krise.

Michaela steht der Beziehung zwar großzügig und sehr ehrlich gegenüber, denn sie wünscht sich ja nichts sehnlicher, als endlich die große Liebe zu finden. Aber sein seelisches Befinden ist von Wankelmut geprägt. Mit großer Wahrscheinlichkeit würde Michaelas Internetbekanntschaft taktlos und eingebildet agieren und mit ihrem Foto würde sie ihm auch einen idealen Anlass dazu geben. Er sähe diese mögliche Beziehung selbstsüchtig, also nur als eine Art Abenteuer, mit dem er seine Eitelkeit stillen kann. Es ist auch nicht gewiss, ob er zu dem verabredeten Treffen pünktlich erscheinen würde, denn seine Unzuverlässigkeit rührt ja aus einer gewissen Einbildung und Selbstüberschätzung der eigenen Person.

Das alles hätte die warmherzige Michaela, die es wirklich ehrlich meint, nicht verdient. Da hilft ihr auch ihre Selbstsicherheit, mit der sie zielstrebig in das Treffen gehen würde, nicht weiter.

Zusammenfassend lässt sich sagen, dass dieses Kartenbild nur einen Schluss zulässt: Wenn Michaela nur ein Abenteuer suchen würde, könnte sie das Treffen wagen. Aber einen festen Partner, mit dem sie eine harmonische Beziehung führen kann, würde sie in ihrer Internetbekanntschaft nicht finden.

## 2. Barbara W., Studienrätin, 52 Jahre

Ihre Frage an die Karten:

»Es gibt an meiner Schule einen Kollegen, der Sport und Kunst unterrichtet. Wir kennen uns beruflich schon einige Jahre und kommen gut miteinander aus. Aber neulich bei einem Schulfest machte er mir ziemlich eindeutige Avancen. Es hatte den Anschein, dass er mehr als nur ein Kollege sein möchte.

Er ist seit einem halben Jahr von seiner Frau getrennt und offensichtlich hat er bei der Feier durch ein wenig Weinseligkeit den Mut gehabt, mir seine Zuneigung zu offenbaren. Ich finde ihn sehr sympathisch und nett. Aber ich habe da so mein persönliches Prinzip. Arbeit und Privatleben vermische ich nicht. Allerdings bin ich schon eine längere Zeit alleine. Könnte aus uns zweien etwas werden? Eine Affäre oder sogar vielleicht eine feste Partnerschaft?«

Ihr Kartenbild sah folgendermaßen aus:

Fische
tolerant
einfühlsam
heiter

Jungfrau
pflichtbewusst
willensstark
sparsam

Wasser-
mann
optimistisch
fröhlich
vielseitig

Stier
(adK)
unbeherrscht
recht-
haberisch
empfindlich

Schütze
zielstrebig
selbstsicher
warmherzig

## Die Deutung

Die Beziehung stünde auf einem guten Fundament. Sie wäre geprägt von Ausdauer und Ideenreichtum und ganz sicher käme keine Langeweile auf.

Da beide vom Wesen her eher bescheiden sind und keiner von beiden überzogene Ansprüche stellen würde, kämen sie sehr gut miteinander aus.

Er ist sich seiner Gefühle für sie sehr sicher, einzig die Vergangenheit, die durch schlechte Erfahrungen während seiner gescheiterten Ehe geprägt ist, droht, gelegentlich Schwierigkeiten zu bereiten. In der neuen Beziehung würde immer wieder sein rechthaberisches und unbeherrschtes Wesen für Spannungen sorgen.

Allerdings kann er diese Defizite durch seine Warmherzigkeit ausgleichen. Er würde zielstrebig an dieser Beziehung arbeiten.

Barbara hingegen ist sehr gut in der Lage, durch ihre einfühlsame, heitere und tolerante Art anstehende Probleme und Krisen zu meistern.

Die Empfehlung der Karten lautet hier, einer Affäre stünde nichts im Wege, aber auch für eine dauerhafte Beziehung der beiden sind die Pforten des Glücks geöffnet.

## 3. Günther T., selbstständiger Unternehmer, 42 Jahre

Günthers Frage:

»Während eines Auslandsaufenthaltes habe ich die Marketingleiterin eines Geschäftspartners kennen gelernt. Nach einem heftigen Flirt an der Bar landeten wir gemeinsam in meinem Bett und hatten fantastischen Sex. Kann aus diesem One-Night-Stand nicht mehr werden? Es ist nun schon über drei Wochen her, aber ich kann diese fantastische Frau nicht mehr vergessen.«

Für Günther legte ich die Karten wie folgt:

## Die Deutung

Die Karten sind eindeutig. Die Beziehung wäre wahrscheinlich nicht nur aufgrund der Entfernung von permanenter Skepsis geprägt. Sie würde zwar mit viel gefühlvollem Einsatz alles für ein Funktionieren einer Beziehung tun, aber schnell erkennen, dass dies ein hoffnungsloses Unterfangen ist.

Günther hingegen sollte ehrlich sein und sich eingestehen, dass er eigentlich nur an Sex und weniger an einer Beziehung interessiert ist.

Wenn beide dies wollten, dann wäre ja auch das eine Basis. Aber damit würde sie sich keines Falles zufrieden geben. Zusammenfassend bleibt festzustellen: Er sollte es bei diesem Treffen belassen und einzig die schöne Erinnerung daran für sich mitnehmen.

## 4. Jennifer L., Hausfrau und Mutter, 36 Jahre

Jennifer stellte folgende Frage:

»Mit meinem Mann verbindet mich schon lange keine Leidenschaft mehr. Im Bett ist ziemlich »tote Hose«. Ich habe nun von meiner Freundin gehört, dass man seine eingefahrene Beziehung durch eine Wahnsinnstherapie runderneuern kann. Das Geheimnis soll in homöopathischen Mittelchen und einer besonderen Form des Tantra Yogas liegen. Ist das vielleicht ein Weg für meinen Mann und mich, wieder zusammenzufinden?«

Für Jennifer legte ich folgendes Kartenbild:

**Widder** (adK)
ungeduldig
eigensinnig
nachtragend

**Schütze**
zielstrebig
selbstsicher
warmherzig

**Waage**
feinfühlig
liberal
verständnisvoll

**Wassermann** (adK)
selbstsüchtig
hämisch
unzuverlässig

**Skorpion** (adK)
kalt
heimtückisch
arrogant

### Die Deutung

Das Kartenbild zeigt, dass beide Partner nur dann ihr verständnisvolles Beziehungsfundament harmonisch leben können, wenn beide Partner stark an sich arbeiten. Homöopathie und Tantra Yoga sind da wohl zurzeit nicht der richtige Weg.

Aber nachdem beide einige Zeit intensiv an sich gearbeitet haben, könnte dieser Weg neuen Schwung in ihr Sexualleben bringen und eine schöne Bereicherung sein. Denn das Fundament der Beziehung ist ausgesprochen gut. Es wird von Liberalität, Feingefühl und Verständnis geprägt.

Jennifer und ihr Mann machen sich allerdings gegenseitig das Leben schwer. Sie mit Ungeduld, Eigensinn und Häme. Er versucht noch, mit Warmherzigkeit ihre Selbstsucht und ihre Unzuverlässigkeit auszugleichen. Doch so viel Fehlverhalten von ihr verursacht nach dieser langen Zeit auch emotionale Kälte bei ihm, da reagiert er dann heimtückisch und überheblich.

## 5. Wolfgang U., 69 Jahre

Die Frage von Wolfgang lautet:

»Ich bin seit 4 Jahren mit meiner 13 Jahre jüngeren Freundin zusammen. Wir haben beide noch unsere eigene Wohnung, aber meistens ist sie bei mir.

Ich fühle mich so sehr wohl und genieße die Fürsorge von ihr, habe aber dennoch meinen Freiraum.

Nun möchte meine Freundin aber fest und dauerhaft bei mir einziehen. Sie hat viele gute Argumente und führt meinen sich ständig verschlechternden Gesundheitszustand als Hauptgrund an. Sie möchte eben gern das ganze Leben mit mir teilen, wie sie sagt. Ohne es beim Namen zu nennen, erwartet sie nun, dass ich sie heirate und mit ihr zusammenziehe.

Soll ich diesen Schritt wagen oder lieber alles beim Alten belassen?«

Ich legte Wolfgang folgendes Kartenbild:

## Die Deutung

Das Fundament dieser Beziehung wäre sicher und fest. Geprägt von Verständnis, Liberalität und Feingefühl im gegenseitigen Umgang zeigen die Karten eine solide Grundlage für eine dauerhafte Beziehung.

Sehr kreativ und kommunikativ hat sie den Wunsch nach mehr Gemeinsamkeit vorgetragen und verfolgt und würde diese Beziehung durch viele neuen Ideen ausdauernd bereichern.

Er wäre hilfsbereit, selbstsicher und böte ihr seine warmherzige Schulter zum Anlehnen und gefühlvollen Kuscheln.

Wolfgang könnte also ruhigen Gewissens den Schritt zur Hochzeit wagen und würde es keinesfalls bereuen. Ganz im Gegenteil, er könnte im Herbst seines Lebens noch viele glückliche Jahre gemeinsam mit seiner Partnerin genießen.

## 6. Andreas K., Student 24, Jahre

Andreas hat folgende Frage auf dem Herzen:

»In meinem Fitnessclub gibt es einen Trainer, von dem alle wissen, dass er homosexuell ist. Er sieht sehr gut aus und die Damenwelt bedauert es sehr, dass er unerreichbar für sie ist.

Ich habe nun das Gefühl, dass der Trainer sich zu mir hingezogen fühlt. Es scheint mir so, als ob er mir viel mehr Aufmerksamkeit im Club widmet als den anderen Gästen. Er motiviert mich zu Höchstleistungen.

Beim letzten Training hat er mich zu einer Beachparty am Baggersee eingeladen. Die ist am Samstag. Soll ich da hingehen?«

Jungfrau

pflichtbewusst
willensstark
sparsam

Krebs

gefühlvoll
hilfsbereit
besonnen

Schütze

zielstrebig
selbstsicher
warmherzig

Stier

lebenslustig
zuverlässig
gutmütig

Widder

selbstbewusst
dynamisch
verlässlich

## Die Deutung

Die Karten zeigen deutlich, dass Andreas keinerlei Risiko bei einem Treffen mit seinem Trainer eingehen würde. Sie zeigen weder bei ihm noch bei seinem Trainer irgendwelche negativen Aspekte. Und unabhängig davon, was im Laufe der Zeit aus einer potentiellen Freundschaft der beiden werden könnte, wäre sie in jedem Fall eine warmherzige. Eine Freundschaft, die zielstrebig wachsen würde und zu der beide selbstsicher stehen könnten.

Wenn Andreas einmal eine Entscheidung gefällt hat, dann geht er die Sache willensstark und zuverlässig an. So sollte er auch an diese konkrete Frage herangehen. Die Karten raten ihm dazu, die Einladung anzunehmen, denn er wird mit seiner lebenslustigen Art in jedem Fall Spaß haben.

Der Trainer stünde der Freundschaft besonnen, hilfsbereit und mit viel Gefühl gegenüber. Dies, gepaart mit seiner selbstbewussten und dynamischen Art, wäre eine prima Basis für eine tolle Freundschaft.

# Die Kreuz-Legung

Mit der Kreuz-Legung geben die Karten Empfehlungen zum Themenbereich Finanzen und Geld.

Was wird auf mich zukommen und welche finanziellen Einflüsse habe ich von Geschäftspartnern, Kollegen, Vorgesetzten, Ämtern und Behörden zu erwarten?

Auch vor größeren geplanten Investitionen kann der Rat der Karten nützlich sein.

Konzentrieren Sie sich auf Ihre konkrete Frage und mischen Sie dabei wie gewohnt Ihre »Karten des Himmels«. Nach dem Mischen bilden Sie mit den Karten einen Stapel und legen ihn verdeckt vor sich ab.

Mit der linken Hand ziehen Sie die oberste Karte des Stapels und legen sie verdeckt ab. Dabei handelt es sich um *Karte 1.*

*Karte 2* ist die unterste Karte des Stapels und wird verdeckt unter Karte 1 abgelegt.

*Karte 3* wird wieder unten vom Stapel gezogen und verdeckt mittig links neben den Karten 1 und 2 abgelegt.

*Karte 4* wird nun als letzte Karte oben vom Stapel gezogen und mittig rechts von den Karten 1 und 2 abgelegt.

Erst jetzt werden die Karten mit der rechten Hand aufgedeckt. Beginnen Sie mit der oberen Karte 1, dann die Karten 2 und 3 und zuletzt Karte 4.

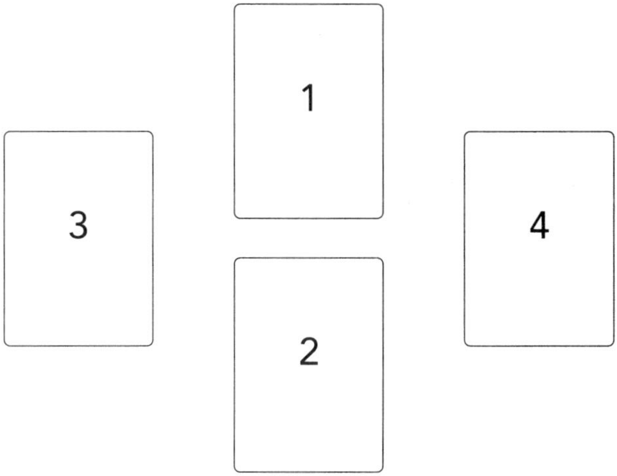


### Die Bedeutung der einzelnen Karten

*Karte 1*
Diese Karte steht für die Unterstützung, die man für seine Pläne, Fragen und Unterfangen in finanzieller Hinsicht aus der geistigen Welt erhalten kann.

*Karte 2*
Diese Karte zeigt Ihnen Ihre persönlichen Ressourcen und Ihr Potenzial auf, die Sie unbedingt nutzen sollten.

*Karte 3*
Diese Karte veranschaulicht den Einfluss von Vorgesetzten, Kollegen oder Geschäftspartnern. Bei Fragen, die sich auf private Aktionen beziehen, steht diese Karte für das private Umfeld. Zum Beispiel die Familie, Freunde und Bekannte.

*Karte 4*
Diese Karte definiert die Bedeutung von Institutionen wie Ämtern, Behörden oder Banken bei finanziellen Belangen.

## Beispiele mit den Testpersonen zur Kreuzlegung

### 1. Jennifer L., Hausfrau und Mutter, 36 Jahre

Jennifer fragt die Karten:

»Ich habe eine kleinere Summe gespart und möchte die nun anlegen. Aber wie? Ich habe durch einige Bekannte von einem Herzkreis erfahren, das interessiert mich und ich überlege mir, ob ich mein Geld dort einsetzen sollte. Die Versprechungen dort klangen sehr überzeugend.

Wird das ein gutes Geschäft für mich?«

Die »Karten des Himmels« sagen Folgendes:

Jungfrau

pflichtbewusst
willensstark
sparsam

Skorpion
(adK)

kalt
heimtückisch
arrogant

Löwe
(adK)

eifersüchtig
konservativ
leichtgläubig

Zwilling

kreativ
kommunikativ
flexibel

## Die Deutung

Die geistige Welt appelliert an ihre Willensstärke, ihr Pflichtbewusstsein und vor allem an ihre Sparsamkeit. Jennifer sollte darauf hören und diese Fähigkeiten gut einsetzen.

Um das auch angemessen umsetzen zu können, würde sie über ausreichend Kreativität, Flexibilität verfügen. Sie würde auch gute Argumente finden, denn sie wäre kommunikativ genug, um das auch ihren Bekannten gegenüber glaubhaft zum Ausdruck bringen zu können.

Außerdem scheint die Motivation der Bekannten von Kälte, Heimtücke und Überheblichkeit geprägt zu sein. Übergeordnete Institutionen (die Polizei oder ihre Bank?) warnen vor Leichtgläubigkeit.

Das Fazit besagt für Jennifer, dass sie sehr gut in der Lage ist, die Situation zu überschauen. Und nach intensivem Nachdenken würde sie erkennen, dass diese Form der Investition definitiv nicht für sie geeignet wäre.

## 2. Andreas K., Student, 24 Jahre

»Ich habe einen Großonkel in München. Er ist der Bruder meines Großvaters mütterlicherseits. Mittlerweile ist er schon fast neunzig Jahre alt, recht sparsam und dadurch hat sich im Laufe der Jahre ein kleines Vermögen angesammelt. Er ist geistig agil und fit, körperlich natürlich nicht mehr so ganz.

Ich lebe 500 km von ihm entfernt und er wünscht sich mehr Besuche von mir, damit ich ihn unterstützen kann. Der Onkel kann da schon sehr fordernd sein und unterschwellig winkt er dabei immer mit seinem Erbe. Ich habe ihn wirklich gern, aber es ist schwierig, ihm und seinen Forderungen dauerhaft gerecht zu werden.

Ich will nicht kaltherzig oder berechnend klingen, aber es interessiert mich doch, ob das von ihm immer wieder ins Spiel gebrachte Erbe für mich lohnend ist?«

So befragt Andreas die Karten:

### Die Deutung

Andreas wird durch die geistige Welt mit einem tollen Potenzial unterstützt. Bezogen auf seine Frage bedeutet dies, dass seine Gutmütigkeit und Zuverlässigkeit in keinem Widerspruch zu seiner Lebenslust stehen würden. Ganz im Gegenteil.

Er sollte selbstbewusst, dynamisch auf den Onkel zugehen und ihm zeigen, dass er sich auf ihn verlassen kann.

Der Onkel würde dies feinfühlig erkennen und mit viel Verständnis zu schätzen wissen und dies in Form eines lohnenden Erbes ausdrücken. Von Amts wegen, also der übergeordneten, institutionellen Ebene, sind keine Schwierigkeiten zu erwarten.

Fazit: Andreas kann also davon ausgehen, dass der Onkel ihn keinesfalls nur ausnutzt, sondern ihm auch etwas hinterlassen wird.

## 3. Barbara W., Studienrätin, 52 Jahre

Barbara stellte den Karten diese Frage:

»Ich habe ein ordentliches Sümmchen gespart und überlege gerade, ob ich mir meinen Traum von einem kleinen Ferienhäuschen im Süden erfüllen soll. Dies würde ich gern jetzt schon in den Ferien nutzen wollen, aber vor allem träume ich schon lang davon, in der Zeit nach meinem Berufsleben dort überwintern zu können. Soll ich das wagen?«

Ich legte für Barbara folgendes Kartenbild:

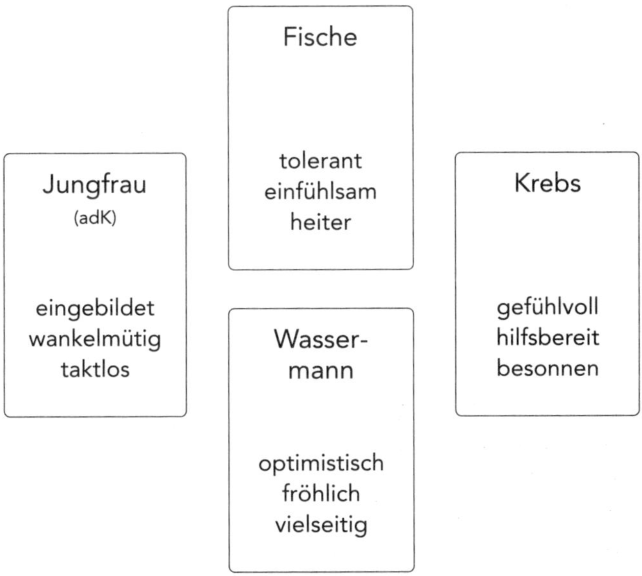


### Die Deutung

Barbaras Wunsch wird von der geistigen Ebene gefühlvoll, tolerant und mit heiteren Tendenzen begleitet. Sie selber ist optimistisch, vielseitig und paart dies mit viel Fröhlichkeit, die für eine realistische Umsetzung eines solches Unterfangens sicher von Nöten wäre.

Aus dem privaten Umfeld bekäme sie nicht allzu viel Unterstützung. Es würde ihr Einbildung, Wankelmut und Taktlosigkeit unterstellen.

Ämter, Behörden und vor allem die Bank würden ihre Besonnenheit zu schätzen wissen und ihren Plan hilfsbereit unterstützen.

Fazit: Die Karten raten Barbara eindeutig zu ihrem Plan. Einzig ihr persönliches Umfeld kann durch negative Tendenzen ein kleiner Wermutstropfen sein.

Sie ist aber tolerant und fröhlich genug, damit angemessen umzugehen.

## 4. Günther T., selbstständiger Unternehmer, 41 Jahre

Folgende Frage stellte Günther:

»Ich will mir Aktien von einem aufstrebenden Unternehmen zulegen. Ich habe vor, eine größere Menge an Aktien zu erwerben. Einige Geschäftspartner sind da schon erfolgreich eingestiegen, und nun will ich auch kräftig verdienen. Bisher hat mich das nie gereizt, an der Börse Geschäfte zu machen. Nun allerdings fühle ich mich dazu berufen.

Wie ist die Prognose für meine Aktientransaktionen?«

Die »Karten des Himmels« gaben folgende Antwort:

**Widder**
selbstbewusst
dynamisch
verlässlich

**Waage**
(adK)
überheblich
launisch
phlegmatisch

**Steinbock**
(adK)
geizig
stur
skeptisch

**Löwe**
(adK)
eifersüchtig
konservativ
leichtgläubig

## Die Deutung

Nach diesem Kartenbild zu urteilen, sollte Günther unbedingt die Finger davon lassen.

Seine Ressourcen und sein individuelles Potenzial, bezogen auf seine Frage, sind von Leichtgläubigkeit und Eifersucht auf den Erfolg seiner Geschäftspartner geprägt.

Seine Partner stehen zwar selbstbewusst und verlässlich hinter ihm, aber die institutionelle Ebene, etwa Banken oder das Finanzamt, würde dem geplanten Geschäft stur und mit Skepsis begegnen.

Von der geistigen Ebene könnte Günther ebenfalls keinerlei Unterstützung erwarten, denn Überheblichkeit und vor allem Phlegma sind Aspekte, die keine positive Prognose für die Aktientransaktionen erwarten lassen.

## 5. Michaela K. Sachbearbeiterin bei einer Behörde, 31 Jahre

Michaela fragte mich Folgendes:

»Ich würde so gerne mal eine Luxuskreuzfahrt mitmachen. Das ist ein lang gehegter Wunschtraum von mir. Leider, leider kostet ein solcher Traum ja unheimlich viel Geld. Nun spare ich schon einige Jahre dafür, aber immer wieder kommt etwas dazwischen, wie neulich die neue Waschmaschine. Und mein gespartes Kreuzfahrt-Budget ist wieder ein Stück kleiner.

Werde ich mir diesen Traum jemals erfüllen können?«

Ich legte für Michaela folgende Kreuz-Legung:

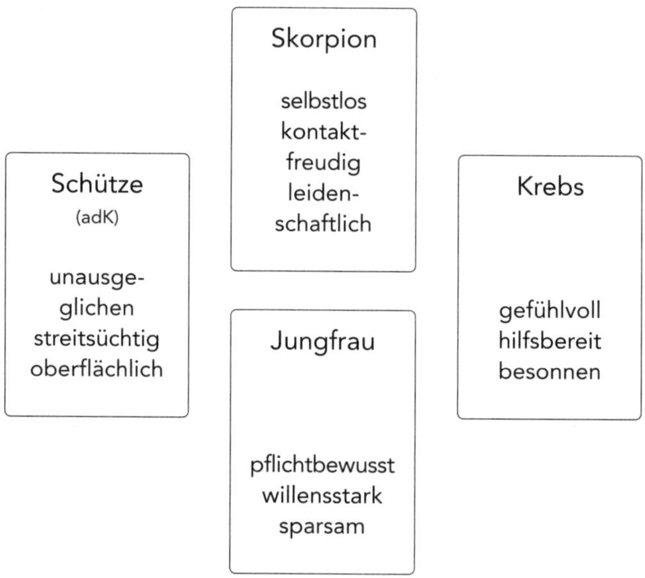


### Die Deutung

Die geistige Ebene unterstützt Michaela, indem ihr Leidenschaft und Selbstlosigkeit für die Realisierung ihres Traumes zuteil werden.

Ihre persönlichen Ressourcen zeigen eindeutig ihre Willensstärke, dem Traum näher kommen zu wollen. Ihr Pflichtbewusstsein und vor allem ihre Sparsamkeit sind ideale Voraussetzungen für eine realistische Umsetzung ihres Vorhabens.

Auch von amtlicher Seite kommen ihr Gefühl, Hilfsbereitschaft und Besonnenheit entgegen. Entsprechend werden ihr sicher keine Schwierigkeiten mit einem Visum, dem Reisepass oder ähnlichen Dingen die Reise verderben. Vielleicht unterstützt ja auch die Bank ihr Anliegen.

Allerdings zeigt sich in ihrem persönlichen Umfeld tendenziell ein Verhalten von Unausgeglichenheit, Streitsucht und Oberflächlichkeit.

Fazit: Michaela wird ihren Wunschtraum langfristig durch Sparsamkeit verwirklichen, sollte sich dann aber nicht über Neider wundern, sondern ihre Luxuskreuzfahrt voll und ganz genießen.

## 6. Wolfgang U., Rentner, 69 Jahre

Wolfgang stellte folgende Frage:

»Mein ältester Sohn hat sich gerade selbstständig gemacht. Aber seine finanzielle Situation ist durch die momentane wirtschaftliche Lage nicht so gut wie erwartet.

Es fehlen ihm einfach die Rücklagen, um diese »Saure-Gurken-Zeit« zu überbrücken. Zusätzlich hat er viele Außenstände. Die Leute zahlen einfach nicht mehr so wie früher. Wenn ich ihm nun finanziell von meinem Ersparten ein wenig unter die Arme greife, stünde dies unter einem guten Stern?«

Folgendes Kartenbild legte ich für Wolfgang:

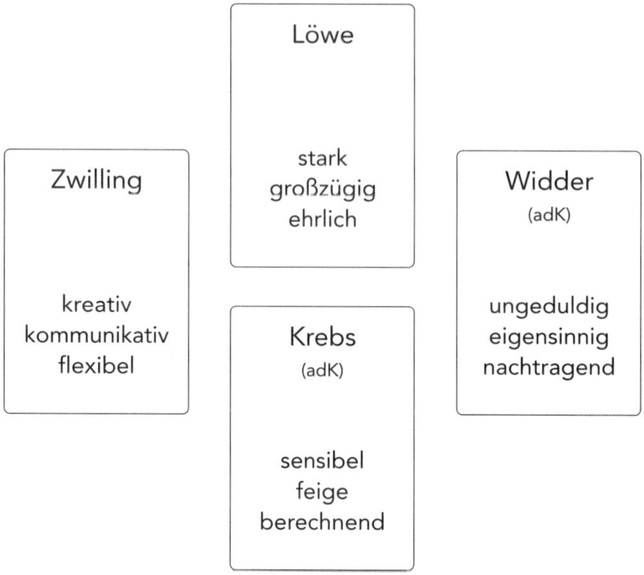


### Die Deutung

Das Kartenbild lässt in diesem Fall kein eindeutiges »Ja« oder »Nein« zu.

Wolfgangs Vorhaben würde zwar mit Stärke, Ehrlichkeit und Großzügigkeit von der geistigen Ebene unterstützt werden, er selber muss aber auf seine eigenen Emotionen Acht geben. Denn in ihm schlummert einerseits Berechnung, andererseits auch Feigheit.

Sein Sohn, der hier für den Geschäftspartner steht, ist kreativ und flexibel. Seine kommunikativen Fähigkeiten könnten hilfreich sein, aus dem finanziellen Engpass dauerhaft herauszukommen, sie könnten aber darauf hindeuten, dass er mit immer originelleren Ausreden aufwarten würde.

Institutionen, Ämter und Behörden, etwa die Bank oder das Finanzamt, agieren mit Ungeduld und haben einen langen Atem.

Wenn Wolfgang sich wirklich entschließt, seinem Sohn zu helfen, wird er darauf achten müssen, nicht zu empfindsam mit dem Vorgehen seines Sohnes umzugehen.

Fazit: Wolfgang sollte seinem Sohn schon helfen, dabei aber Vorsicht walten lassen.

# Die Stab-Legung

Mit der Stab-Legung werden Aspekte des Berufslebens aufgezeigt.

Sie zeigt dem Fragenden Stärken, Schwachpunkte und verborgene Potenziale auf und macht auf das berufliche Umfeld, wie Kollegen, Vorgesetzte und Geschäftspartner und deren Einflussnahme aufmerksam.

Nicht nur unmittelbare, sondern auch mittel- und langfristige berufliche Perspektiven können mit der Stablegung tendenziell betrachtet werden.

Konzentrieren Sie sich beim Mischen der Karten auf Ihre Frage und legen Sie die Karten anschließend verdeckt fächerförmig vor sich hin.

Lassen Sie nun beim Ziehen der 4 »Karten des Himmels« Ihre linke Hand langsam über den Fächer gleiten und ziehen Sie der Reihe nach 4 Karten.

Die Karten werden nacheinander von oben nach unten, in einer senkrechten Reihe verdeckt abgelegt und dann mit der rechten Hand aufgedeckt.

### Die Bedeutung der einzelnen Karten

*Karte 1*
Diese Karte zeigt wichtige Aspekte auf, die für das Erreichen langfristiger beruflicher Ziele wichtig sind.

*Karte 2*
Diese Karte verdeutlicht Ressourcen und verstecktes Potenzial, mit deren Hilfe man seinen beruflichen Weg ausbauen kann.

*Karte 3*
Diese Karte weist auf eigene Angriffspunkte und Schwachstellen hin, die den beruflichen Werdegang blockieren könnten.

*Karte 4*
Diese Karte veranschaulicht den Einfluss des beruflichen Umfeldes, wie zum Beispiel von Kollegen, Vorgesetzten oder auch von Geschäftspartnern. Sie zeigt also all die Tendenzen, die von außen Einfluss auf den beruflichen Werdegang nehmen können.

## Beispiele mit den Testpersonen zur Stablegung

### 1. Andreas K., Student, 24 Jahre

Andreas möchte über seine beruflichen Tendenzen Folgendes wissen:

»Ich habe ja schon ein konkretes Angebot von einer Firma für die Zeit nach meinem Studium. Momentan jobbe ich dort auch im Labor als Assistent.

Nun habe ich ein Angebot von einer spanischen Firma vorliegen, ich kann dort sehr viel mehr Geld verdienen als hier in Deutschland.

Das Problem ist aber, dass ich weiß, dass die Sicherheits- und Umweltmaßnahmen bei der spanischen Firma bei weitem nicht so korrekt gehandhabt werden, wie es den Vorschriften entspräche. Allerdings reizt es mich schon sehr, den sehr gut bezahlten Job anzunehmen.

Nach der langen Durststrecke im Studium möchte ich mir nun auch mal etwas leisten können. Soll ich bei der spanischen Firma nach dem Studium anfangen?«

Für Andreas liegen die »Karten des Himmels« nun so:

## Die Deutung

| Zwilling |
|---|
| kreativ<br>kommunikativ<br>flexibel |

Nach dem langen Studium ist der Wunsch, endlich richtig Geld verdienen zu wollen, verständlich. Die »KARTEN DES HIMMELS« deuten bei der Verwirklichung seiner langfristigen beruflichen Ziele auf seine Kreativität und Flexibilität hin.

| Steinbock |
|---|
| ideenreich<br>bescheiden<br>ausdauernd |

In Andreas schlummert die Eigenschaft der Bescheidenheit, gepaart mit Ideenreichtum und Ausdauer. Seine moralischen Bedenken sind ja schon in der Fragestellung offenkundig. Und so sollte er seiner Intuition folgen und das Angebot keinesfalls annehmen. Zumal es ohnehin für ihn ratsam wäre, seinen Hochmut und auch seine egoistischen Tendenzen im Zaum zu halten.

| Fische (adK) |
|---|
| unbeständig<br>egoistisch<br>hochmütig |

In seinem beruflichen Umfeld muss er mit den Launen, der Faulheit und der Überheblichkeit seiner Kollegen rechnen.

| Waage (adK) |
|---|
| überheblich<br>launisch<br>phlegmatisch |

Fazit: Mit Kreativität und Ausdauer ist er in dem deutschen Betrieb langfristig besser aufgehoben. Hier kommt er mit seinen Wertvorstellungen besser klar und wird auch schnell erkennen, dass Zufriedenheit auf Dauer wichtiger ist als das »schnelle Geld«.

## 2. Barbara W., Studienrätin, 52 Jahre

Barbara stellte mir folgende Frage:

»Ich könnte mir durch einen Nebenjob noch ein wenig Geld für eine schon länger ersehnte Auszeit im Ausland hinzuverdienen.

Dabei handelt es sich um den Verkauf von hochwertigen Nahrungsergänzungsmitteln.

Allerdings müsste ich zu Beginn mit einer Summe von 1.500 Euro einsteigen, um Ware zu kaufen. Soll ich diesen Nebenjob annehmen und wird sich das für mich lohnen?«

### Die Deutung

Dynamisch und voller Selbstbewusstsein wird Barbara langfristig sehr verlässlich mit ihrem Nebenjob Geld verdienen.

Das in ihr steckende Potenzial wird sie dabei stark unterstützen. Es wird ihr mit dem notwendigen Feingefühl gelingen, ihren Kunden hilfsbereit und besonnen zu begegnen. Das schafft Vertrauen und Stammkundschaft.

Ferner zeigt das Kartenbild, dass sie sich aber nicht zu optimistisch in den Job stürzen soll, denn sie sollte bedenken, dass es nur ein Nebenjob ist und sie ihre Pflichten im Hauptjob nicht vernachlässigen sollte.

Aus dem Kreis ihrer Kollegen wird sie mit Kälte, Heimtücke und Überheblichkeit rechnen müssen.

Das Fazit für Barbara lautet:

Sie sollte die Sache selbstbewusst, dynamisch und besonnen angehen. Bezüglich der Kollegen, in diesem Fall kann ja möglicherweise auch Konkurrenz gemeint sein, heißt es Ellenbogen zeigen.

Widder

selbstbewusst
dynamisch
verlässlich

Krebs

gefühlvoll
hilfsbereit
besonnen

Wassermann

optimistisch
fröhlich
vielseitig

Skorpion
(adK)

kalt
heimtückisch
arrogant

## 3. Jennifer L., Hausfrau und Mutter, 36 Jahre

Jennifer fragte die Karten:

»Ich habe das Gefühl, dass ich mich über kurz oder lang von meinem Mann trennen werde. Eine Freundin hat mir ein interessantes Arbeitsangebot in der Steuerkanzlei ihres Bruders gemacht. Könnte ich mich dort beruflich zurechtfinden? Ich bin ja schon einige Zeit raus aus dem Beruf und bin nicht sicher, ob ich den Anforderungen gewachsen bin?«

| Jungfrau |
| --- |
| pflichtbewusst<br>willensstark<br>sparsam |

| Löwe (adK) |
| --- |
| eifersüchtig<br>konservativ<br>leichtgläubig |

| Stier |
| --- |
| lebenslustig<br>zuverlässig<br>gutmütig |

| Zwilling |
| --- |
| kreativ<br>kommunikativ<br>flexibel |

### Die Deutung

Das langfristig angestrebte Ziel der Unabhängigkeit und beruflichen Eigenständigkeit wird sie Dank ihres starken Willens erreichen. Sie würde die neue Aufgabe pflichtbewusst angehen und mit ihrem selbst verdienten Geld auch sparsam umgehen.

Die in ihr schlummernde Tendenz zur Eifersucht, eventuell auf einen der neuen Kollegen, sollte sie im Auge haben. Außerdem sollte sie nicht alles ungeprüft an- oder übernehmen, was ihr über den Weg läuft.

Durch ihre Gutmütigkeit kann die Gefahr bestehen, ausgenutzt zu werden. Es kann Neid entstehen, wenn sie durch ihre lebenslustige und zuverlässige Art zu sehr auffällt.

Vorgesetzte werden ihr kreativ und flexibel begegnen.

Fazit: Jennifer könnte sich mit etwas Geschick in diesen Arbeitsplatz einarbeiten. Sie sollte aber darauf achten, nicht zu strebsam zu erscheinen, sonst verscherzt sie es sich mit den Kollegen. Mit ihren Vorgesetzten wird sie keine Schwierigkeiten haben.

## 4. Günther T., selbstständiger Unternehmer, 41 Jahre

Günther liegt folgende Frage auf dem Herzen:

»In den langen Jahren meiner Selbstständigkeit hat sich gezeigt, dass es gut ist, auf mehreren Standbeinen zu stehen.

Nun machte mir ein Freund und Geschäftspartner das Angebot, mich an einer Nachtbar zu beteiligen. Allerdings ist mir das Geschäftsfeld Gastronomie völlig fremd, quasi ein Buch mit sieben Siegeln.

Was erwartet mich, wenn ich dort investiere?«

| Steinbock |
|---|
| ideenreich<br>bescheiden<br>ausdauernd |

| Fische |
|---|
| tolerant<br>einfühlsam<br>heiter |

### Die Deutung

Günthers langfristige berufliche Perspektive wird von Ideenreichtum, Bescheidenheit und Ausdauer bestimmt.

Er ist tolerant, heiter und verfügt über Einfühlungsvermögen. All dies könnte er bei seiner geplanten Investition gut einsetzen. Wenn da nicht seine eigenen Schwachstellen wären. Was er ideenreich und ausdauernd aufbaut, reißt er mit seiner Unbeherrschtheit und seiner Rechthaberei wieder ein.

| Stier (adK) |
|---|
| unbeherrscht<br>recht-<br>haberisch<br>empfindlich |

Und sein »guter« Freund und Geschäftspartner ist von Eigensinn und Ungeduld geprägt. Wenn es durch Günthers Unbeherrschtheit zu einem Streit käme, wäre er auch noch nachtragend.

| Widder (adK) |
|---|
| ungeduldig<br>eigensinnig<br>nachtragend |

Fazit: Günther sollte besser nicht versuchen, in der Gastronomie Fuß zu fassen. Denn die eigenen Schwächen und eigensinnigen Interessen des »guten« Partners stehen dem zu deutlich entgegen.

## 5. Michaela K., Sachbearbeiterin bei einer Behörde, 31 Jahre

Michaela lag folgende Frage auf dem Herzen:

»Ich möchte sehr gerne die Abteilung wechseln, bei meiner momentanen Tätigkeit fühle ich mich etwas unterfordert.

Ich müsste zwar einige Fortbildungskurse in Kauf nehmen, die in meiner Freizeit stattfinden, aber das würde mir eigentlich nichts ausmachen.

Aber lohnt der Aufwand? Werde ich in der neuen Abteilung so gefordert, wie ich es mir vorstelle?«

| Löwe |
|---|
| stark<br>großzügig<br>ehrlich |

| Schütze |
|---|
| zielstrebig<br>selbstsicher<br>warmherzig |

| Jungfrau |
|---|
| pflichtbewusst<br>willensstark<br>sparsam |

| Fische |
|---|
| tolerant<br>einfühlsam<br>heiter |

### Die Deutung

Michaelas langfristiges berufliches Ziel zeigt auf, dass die wichtigsten Tendenzen für eine Umsetzung im Bereich Stärke, Großzügigkeit und Ehrlichkeit liegen.

Mit ihren verborgenen Fähigkeiten, allem voran mit ihrer Zielstrebigkeit, Warmherzigkeit und ihrem selbstsicheren Auftreten wird sie Eindruck machen.

In Schwierigkeiten kann sie ihr übertriebenes Pflichtbewusstsein bringen, denn der starke Wille, unbedingt voranzukommen, könnte sich in überzogener Sparsamkeit ausdrücken und Probleme schaffen.

Kollegen und Vorgesetzte treten ihr gegenüber tolerant auf und begegnen ihr einfühlsam und voller Humor.

Die »KARTEN DES HIMMELS« sagen eindeutig, dass die neue Abteilung für Michaela in jedem Fall eine neue Herausforderung ist, eine Chance, die sie unbedingt nutzen sollte.

Sie sollte ein wenig darauf achten nicht zu strebsam aufzutreten, dann wird sie erfolgreich in der neuen Abteilung arbeiten.

### 6. Wolfgang U., Rentner, 69 Jahre

»Ich habe meine berufliche Tätigkeit schon abgeschlossen und helfe nur noch bei meinem jüngsten Sohn mit, er hat meine Kfz-Werkstatt übernommen.

Eine berufliche Zukunft habe ich also nicht mehr vor mir, somit habe ich auch keine Frage diesbezüglich.«

# Die Kandelaber-Legung

Die Kandelaber-Legung dient der Selbsterkenntnis! Warum bin ich so wie ich bin?

Aber Achtung: Die Kandelaber-Legung sollten Sie höchstens einmal pro Jahr durchführen. Daher empfehle ich Ihnen dringend, sich erst dann an dieses Legesystem zu wagen, nachdem Sie schon einige Erfahrungen mit den anderen Legesystemen gesammelt haben.

Denn dies ist ein komplexes Legesystem, mit dessen Hilfe man sich einen Überblick über die unterschiedlichen Facetten der eigenen Persönlichkeit verschaffen kann.

Eine intensive Beschäftigung mit der Kandelaber-Legung verschafft dem Fragenden die Möglichkeit, sich mit den Ursprüngen seines Seins, den verbliebenen Merkmalen aus vergangenen Leben und dem daraus Gelernten und nicht erlernten Dingen, auseinander zu setzen.

Durch diese Auseinandersetzung können vorhandene Stärken und Defizite in der Persönlichkeit lokalisiert werden. So ist man in der Lage, diese Erkenntnisse für ein erfüllendes Leben im »Hier und Jetzt« zu nutzen.

Konzentrieren Sie sich bei der Kandelaber-Legung ganz auf sich selber. Versuchen Sie zur Ruhe zu kommen und sich zu entspannen. Erst wenn Sie das Gefühl haben, ganz Sie selbst zu sein, beginnen Sie mit dem Mischen der Karten nach gewohnter Art.

Nun ziehen Sie die Karten wie folgt aus dem verdeckt vor Ihnen liegenden Stapel: Ziehen Sie mit der linken Hand die zweite Karte von unten aus dem Stapel, und legen Sie diese verdeckt ganz links als Karte 1 ab.

Karte 2 ist die unterste Karte des Stapels. Nehmen Sie diese ebenfalls mit der linken Hand und legen Sie sie ganz rechts ab.

Nun nehmen Sie die oberste Karte des Stapels und legen sie als Karte 3 links unterhalb von Karte 2 ab.

Karte 4 ist nun wieder die unterste Karte des verbliebenen Stapels. Nehmen Sie diese und legen Sie sie rechts unterhalb von Karte 1 verdeckt ab.

Die fünfte und letzte Karte nehmen Sie wieder ganz oben vom Stapel und legen sie in die Mitte, genau zwischen Karte 4 und 3 ab.

Nun können Sie die Karten mit der rechten Hand in der Reihenfolge 1, 2, 3, 4 und 5 aufdecken.

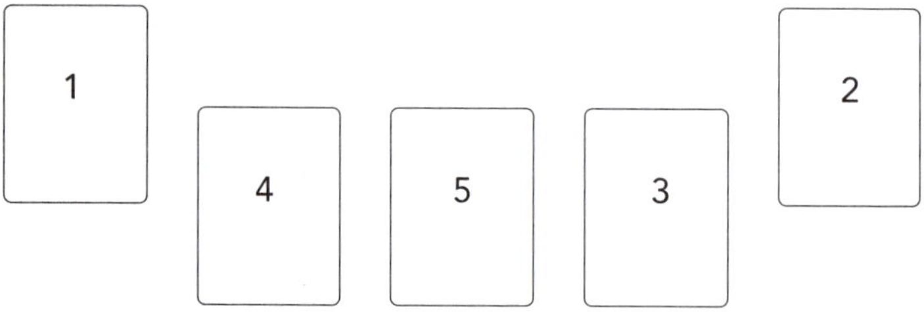

## Die Bedeutung der einzelnen Karten

*Karte1:*
Diese Karte gibt Hinweise auf das vorbestimmte Lebensziel.

*Karte 2:*
Diese Karte symbolisiert die letzte Inkarnation vor dem gegenwärtigen Leben und veranschaulicht das Wesentliche, das wir im vergangenen Leben gelernt haben.

*Karte 3:*
Diese Karte symbolisiert die letzte Inkarnation vor dem gegenwärtigen Leben und veranschaulicht all die Dinge, die wir im vergangenen Leben nicht gelernt haben.

*Karte 4:*
Karte 4 gibt uns wichtige Hinweise darauf, wie wir die positiven und negativen Erfahrungen unserer letzten Inkarnation im »Hier und Jetzt« umsetzen; also wie wir das Gelernte und das nicht Gelernte des vergangenen Lebens in unserem Alltag umsetzen und wie sich das in unserem Verhalten widerspiegelt.

*Karte 5:*
Diese Karte zeigt, was wir in diesem Leben noch zu erlernen oder noch zu erleben haben.

# Die Kandelaber–Legung mit den Testpersonen

## 1. Barbara W., Studienrätin, 52 Jahre

Barbara wollte von den Karten wissen, worin ihr Lebensziel besteht und wie nahe sie diesem schon gekommen ist.

Ich legte ihr die Karten wie folgt:

| | | | | |
|---|---|---|---|---|
| Zwilling<br>(adK)<br><br>untreu<br>labil<br>geltungs-<br>bedürftig | | | | Schütze<br><br>zielstrebig<br>selbstsicher<br>warmherzig |
| | Widder<br>(adK)<br><br>ungeduldig<br>eigensinnig<br>nachtragend | Krebs<br><br>gefühlvoll<br>hilfsbereit<br>besonnen | Wasser-<br>mann<br><br>optimistisch<br>fröhlich<br>vielseitig | |

### Die Deutung

Die Tendenzen, die Barbaras Lebensziel kennzeichnen, bestehen aus Untreue und Labilität sich selbst gegenüber. Sie sollte also ruhig mehr Gewicht auf ihre Person legen und ihrem Bedürfnis nach Geltung und Anerkennung öfter nachgeben.

Das dafür nötige Potenzial trägt sie in sich. Denn in ihrer letzten Inkarnation war sie voller Herzenswärme und hat voller Selbstsicherheit all ihre Ziele erreicht.

Allerdings hatte dies auch seinen Preis. Fixiert auf ihr Ziel, untersagte sie sich jeden Frohsinn und führte ein einseitiges Leben.

Im »Hier und Jetzt« zeigen sich diese Erfahrungen des vergangenen Lebens vor allem in ihrem ungeduldigen, manchmal auch eigensinnigen Wesen. Außerdem ist sie ziemlich nachtragend.

Fazit:
Noch in diesem Leben sollte sie sich darauf konzentrieren, dass sie besser mit sich umgeht. Das heißt, sie sollte mit Gefühl auf ihre Bedürfnisse achten, dabei besonnen agieren und hilfsbereiter, sprich offener, sich selbst gegenüber sein.

Diese Reise ins ICH hat Barbara nicht allzu sehr überrascht. Viele Aspekte und Tendenzen hat sie selber schon für sich erkannt. Aber dennoch empfand sie die Erkenntnisse als hochinteressant und sie bestärkten sie darin, sich und ihre Persönlichkeit weiterentwickeln zu wollen.

### 2. Andreas K., Student, 24 Jahre

Andreas fühlt sich momentan irgendwie orientierungslos und ist auf der Suche nach sich selbst. Er möchte über die Kandelaber-Legung mehr über sein Lebensziel erfahren und erhofft sich Hilfestellung, um den Weg dorthin zu beschreiten.

Ich legte ihm folgende Kandelaber-Legung:

Löwe

stark
großzügig
ehrlich

Fische

tolerant
einfühlsam
heiter

Jungfrau
(adK)

eingebildet
wankelmütig
taktlos

Skorpion

selbstlos
kontakt-
freudig
leiden-
schaftlich

Widder

selbstbewusst
dynamisch
verlässlich

## Die Deutung

Das Lebensziel für Andreas besagt, dass er Stärke, Großzügigkeit und Ehrlichkeit erlangen wird.

In seiner vorigen Inkarnation, also dem Leben vor dem jetzigen, hat er Toleranz, gefühlvolles Verhalten und Heiterkeit erlernt. Wie man selbstbewusst, dynamisch und verlässlich mit sich selbst umgeht, hat er hingegen nicht gelernt.

All das Erlernte und nicht Erlernte der Vergangenheit macht sich in seinem jetzigen Leben durch Einbildung, Wankelmut und eine gewisse Taktlosigkeit sich selbst gegenüber bemerkbar.

Fazit:
Für ihn besteht die Lernaufgabe dieses Lebens darin, selbstloser, zuverlässiger und leidenschaftlicher mit sich und den eigenen Bedürfnissen umzugehen. Denn dann wird er sein Lebensziel auch garantiert erreichen.

Andreas hat vieles in diesem gelegten Kartenbild erkannt.

Er wird in der Zukunft mehr auf seine Wünsche und Bedürfnisse achten und dabei innere Stärke aufbauen, die ihn schlussendlich mit mehr Selbstbewusstsein durchs Leben gehen lässt.

### 3. Jennifer L., Mutter und Hausfrau, 36 Jahre

Jennifer ist zurzeit in einer sehr schwierigen Phase. Durch die Probleme mit ihrem Mann und die Unsicherheit, ob sie diese Ehe weiterführen soll, hat ihr Selbstbewusstsein einen argen Knacks bekommen.

Mit der Kandelaber-Legung hofft sie zu erfahren, wer sie ist und wie ihr weiterer Weg aussieht.

Für Jennifer legte ich die Karten so:

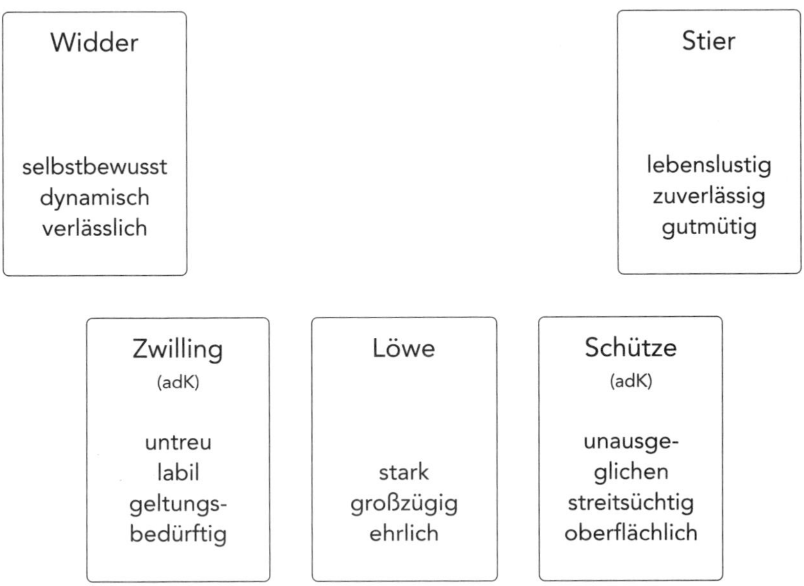

## Die Deutung

Jennifer sollte in diesem Leben das Ziel haben, sich zu einer selbstbewussten, dynamischen und nach Verlässlichkeit strebenden Person zu entwickeln.

Im vergangenen Leben hat sie die Lust am Leben erlernt und zuverlässig gegenüber ihrer eigenen Person zu sein. Eine weitere prägnante Eigenschaft war ihre Fähigkeit, wirklich gutmütig zu agieren.

Allerdings hat sie es versäumt zu lernen, wie man das innere Gleichgewicht dauerhaft findet. Diese Unausgeglichenheit drückte sich in einem permanenten Streit mit sich selbst und einem oberflächlichen Umgang mit ihren eigenen Bedürfnissen und Wünschen aus.

Dieses Lernschema der vergangenen Inkarnation übt auf ihr jetziges Leben mit Untreue, Labilität und Geltungsbedürfnis spürbaren Einfluss aus. Da sie mit dem momentanen Zustand nicht zufrieden ist, reagiert sie viel zu häufig nach diesem Muster.

Fazit:
In der Zukunft ist es wichtig für sie, Stärke zu entwickeln, großzügiger mit sich und ihren eigenen Bedürfnissen umzugehen und sich selbst gegenüber ehrliche und aufrichtige Entscheidungen zu treffen. Nur so hat sie die Chance, ein wirklich harmonisches und zufriedenes Leben zu führen.
Macht sie sich nicht von ihrer permanenten Unsicherheit frei, wird sie vermutlich noch lange darunter leiden.

## 4. Wolfgang U., Rentner, 69 Jahre

Wolfgang, der schon einen Großteil seines Lebensweges hinter sich hat, war neugierig zu erfahren, ob sich sein vorbestimmtes Lebensziel erfüllt hat.

Das war sein Kartenbild:

| Krebs | Waage |
| --- | --- |
| gefühlvoll<br>hilfsbereit<br>besonnen | feinfühlig<br>liberal<br>verständ-<br>nisvoll |

| Steinbock (adK) | Skorpion | Löwe (adK) |
| --- | --- | --- |
| geizig<br>stur<br>skeptisch | selbstlos<br>kontakt-<br>freudig<br>leiden-<br>schaftlich | eifersüchtig<br>konservativ<br>leichtgläubig |

### Die Deutung

Wolfgang sollte seine Lebensziele besonnen und gefühlvoll angehen.

Schon in der letzten Inkarnation hat er erlernt, wie man liberal, verständnisvoll und feinfühlig mit sich und den unterschiedlichen eigenen Interessen umgehen sollte.

Allerdings klammerte er sich zu sehr an alte Werte, war leichtgläubig und von eifersüchtigen Tendenzen geprägt.

Im Alltag seines jetzigen Lebens spürt er Einflüsse emotionalen Geizes, ist oft stur und grundsätzlich alles und jedem gegenüber viel zu skeptisch.

Aber die Karten zeigen auch, dass es Wolfgang noch lernen wird, selbstlos und leidenschaftlich für seine Interessen einzutreten.

Fazit:
Auch er hat noch einiges zu erlernen, und es wurde Wolfgang durch diese Legung klar, wie viel er trotz seines Alters noch schaffen kann. Der wichtigste Punkt für ihn war die Erkenntnis, dass er mit seinen Gefühlen, die ja da sind, auch offen umgehen sollte.

## 5. Michaela K., Sachbearbeiterin bei einer Behörde, 31 Jahre

Michaela möchte durch die Kandelaber-Legung etwas mehr über sich selber erfahren, damit sie auf der Suche nach einem Partner ein besseres und klareres Bild von sich hat.

Die »Karten des Himmels« lagen so für sie:

Zwilling
kreativ
kommunikativ
flexibel

Wasser-
mann
(adK)
selbstsüchtig
hämisch
unzuverlässig

Fische
(adK)
unbeständig
egoistisch
hochmütig

Schütze
zielstrebig
selbstsicher
warmherzig

Widder
selbstbewusst
dynamisch
verlässlich

## Die Deutung

Das Lebensziel für Michaela zeigt auf, dass sie kreativ, flexibel und intelligent mit sich und ihrem inneren ICH, ihrer Persönlichkeit umgehen soll.

In ihrem vergangenen Leben hat sie erkannt, wie wichtig es ist, auch einmal unzuverlässig, selbstsüchtig und ein bisschen hämisch sich selbst gegenüber zu sein.
Es fehlte ihr aber das nötige Selbstbewusstsein, die Dynamik und die Verlässlichkeit allgemein, vor allem aber auch sich selbst gegenüber.

In ihrem jetzigen Leben zeigen sich diese Eigenschaften durch Hochmut, Egoismus und Unbeständigkeit. Denn wer sich und seinen Gefühlen nicht auch einmal Luft macht, wird sich selber untreu.

Fazit:
Es wäre gut, wenn Michaela die Wichtigkeit von mehr Zielstrebigkeit verbunden mit mehr Selbstsicherheit erkennt. Außerdem wird sie in der Zukunft noch lernen, warmherziger mit ihren eigenen Bedürfnissen umzugehen.

Denn nur wer sich selbst annimmt, kann ein Mindestmaß an Eigenliebe entwickeln und hat die Chance, auch von anderen wahrgenommen zu werden.

Das war für Michaela der markanteste Punkt in dieser Legung. Sie hat für sich erkannt, dass sie erst einmal sich selber mögen muss, damit ihr Herzenswunsch nach einem Partner in Erfüllung gehen kann.

### 6. Günther T., selbstständiger Unternehmer, 41 Jahre

Günther ist überzeugt davon, sich selbst wirklich gut zu kennen. Er winkt überheblich ab und ist der Meinung, dass er ja schon alles über sich weiß.

Nun sucht er die Bestätigung für seine eigene Einschätzung in der Kandelaber-Legung.

Die Karten sprechen für Günther auf diese Art:

| Skorpion | | Steinbock (adK) |
|---|---|---|
| selbstlos<br>kontakt-<br>freudig<br>leiden-<br>schaftlich | | geizig<br>stur<br>skeptisch |

| Stier (adK) | Waage | Zwilling |
|---|---|---|
| unbeherrscht<br>recht-<br>haberisch<br>empfindlich | feinfühlig<br>liberal<br>verständ-<br>nisvoll | kreativ<br>kommunikativ<br>flexibel |

#### Die Deutung

Als Lebensziel zeigen die Karten für Günther, dass er selbstlos, kontaktfreudig und voller Leidenschaft mit sich und seinem inneren ICH umgehen soll.

Er hat in seinem vergangenen Leben erfahren müssen, wie es ist, geizig an Gefühlen, stur und skeptisch mit sich und seinen Bedürfnissen umzugehen.

Und er hat es überhaupt nicht gelernt, wie er seine kreativen, flexiblen und kommunikativen Tendenzen hätte nutzen können, um seine Persönlichkeitsstruktur zu festigen.

Das hat natürlich erhebliche Auswirkungen auf sein jetziges Leben, indem er mit sich selbst nicht sonderlich gut umgeht. Günther ist unbeherrscht, rechthaberisch und empfindlich mit sich selbst.

Fazit:
In der Zukunft wird es für ihn wichtig sein, dass er in einem Lernprozess die Notwendigkeit erkennt, wie wichtig ein ausgewogenes und feinfühliges Verhalten auch und gerade sich selbst gegenüber ist. Zudem wird er auch lernen müssen, dass es für ihn besonders wichtig ist, feinfühlig in sich hinein zu horchen. Denn nur so kann er endlich erkennen, was für ihn wirklich wichtig ist.

# DIE PYRAMIDEN-LEGUNG

Bei diesem Legesystem haben Sie die Möglichkeit, Ihr individuelles kreatives Potenzial zu entdecken.

Was steckt in mir und zu welchen Leistungen bin ich imstande?

Mit der Pyramiden-Legung wird Ihnen deutlich gemacht, wo Ihre persönlichen Qualitäten und Möglichkeiten im schöpferischen Bereich liegen.

Sie erfahren, welche Ziele das Schicksal für Sie vorgesehen hat und wie der männliche Marsaspekt, die tatkräftige Ebene in Ihnen, Ihr Schicksal beeinflusst. Aber jeder Mensch hat auch einen eher gefühlsbetonten, weiblichen Venusaspekt in sich.

Sie werden also sehen, wie diese Einflüsse auf Ihr Schicksal einwirken und es beeinflussen.

Vergangenheit, Gegenwart und Zukunft lassen all die Aspekte deutlich werden, die unser Tun und Handeln ausmachen. Das Fundament, aus dem wir unsere Fähigkeiten in diesem Themenbereich schöpfen, lässt Sie neue und erstaunliche Möglichkeiten erkennen, mit denen Sie Ihre Zukunft sinnvoll bereichern können.

Auch bei der Pyramidenlegung steht die Selbsterfahrung wieder an erster Stelle, denn nur durch sie können wir unser Spektrum kontinuierlich erweitern. Auch diese Legung sollten Sie nicht häufiger als ein bis zweimal pro Jahr durchführen.

Konzentrieren Sie sich auch bei der Pyramiden-Legung ganz auf sich selber. Versuchen Sie, zur Ruhe zu kommen und sich zu entspannen. Erst wenn Sie das Gefühl haben, ganz Sie selbst zu sein, beginnen Sie mit dem Mischen der Karten nach gewohnter Art.

Bilden Sie mit den gemischten Karten einen Stapel und legen Sie ihn verdeckt vor sich ab.

*Karte 1* wird mit der linken Hand aus der Mitte des Stapels gezogen und als oberste Karte wie die Spitze einer Pyramide verdeckt abgelegt.

*Karte 2* wird unten vom Stapel gezogen und links unterhalb von Karte 1 abgelegt.

*Karte 3* ziehen Sie als oberste Karte des Stapels und legen sie rechts neben Karte 2.

*Karte 4* ist die unterste Karte des Stapels. Nehmen Sie diese und legen Sie sie links unterhalb von Karte 2 verdeckt ab.

*Karte 5* wird nun als oberste Karte des verbliebenen Stapels gegriffen und rechts von Karte 4 verdeckt abgelegt.

*Karte 6* ist nun wieder die unterste Karte des Stapels und wird rechts von Karte 5 abgelegt.

Es ist nun aus den verdeckt ausgelegten Karten eine Pyramide entstanden.

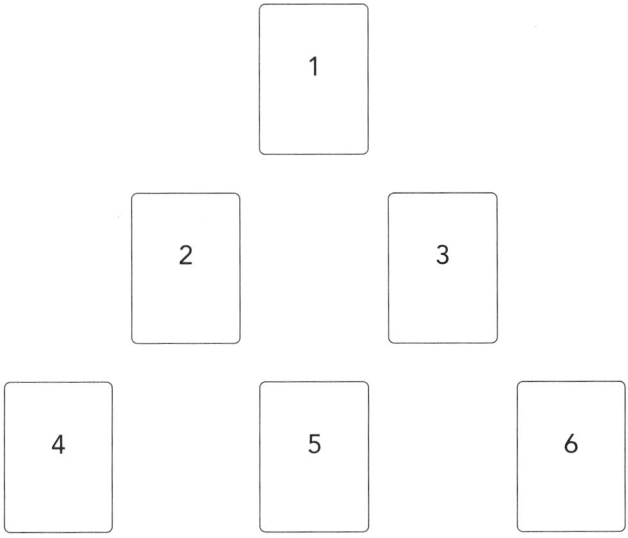

## Die Bedeutung der einzelnen Karten

*Karte 1:*
Diese Karte steht für das vom Schicksal bestimmte, zentrale Ziel.

*Karte 2:*
Diese Karte symbolisiert den Venusaspekt in Ihnen, die weiblich betonten Einflüsse der Gefühle und alle damit verbundenen Chancen oder Risiken.

*Karte 3:*
Diese Karte symbolisiert den Marsaspekt, die männlich betonten Einflüsse der Tatkraft und alle damit verbundenen Chancen oder Risiken.

*Karte 4, 5 und 6:*
Diese Karten bilden das Fundament, das Reservoir der vorhandenen Fähigkeiten, in denen Sie Ihren schöpferischen Geist, Ihre Tatkraft und Ihre Kreativität finden werden.

*Karte 4* steht hier für das Vergangene,

*Karte 5* für alles Gegenwärtige und

*Karte 6* steht für das Zukünftige.

## Die Pyramiden-Legung am Beispiel der sechs Testpersonen

### 1. Wolfgang U., Rentner, 69 Jahre

Wolfgang hatte folgende konkrete Frage:

»Wie kann ich mich in meinem alten Betrieb, den ja nun mein jüngster Sohn übernommen hat, wirkungsvoll nützlich machen?

Man muss ja einen gut gehenden Betrieb immer wieder überdenken und auf den neuesten Stand bringen. Ich selber will mich auf Wunsch meines Sohnes noch nicht ganz zur Ruhe setzen, sondern möchte mich an diesem kreativen Schaffensprozess mit meiner Erfahrung beteiligen. Wo liegen meine Stärken?«

Ich legte ihm folgendes Kartenbild:

**Jungfrau**
pflichtbewusst
willensstark
sparsam

**Waage**
feinfühlig
liberal
verständnisvoll

**Widder**
(adK)
ungeduldig
eigensinnig
nachtragend

**Zwilling**
kreativ
kommunikativ
flexibel

**Skorpion**
selbstlos
kontaktfreudig
leidenschaftlich

**Steinbock**
(adK)
geizig
stur
skeptisch

## Die Deutung

Der Wunsch von Wolfgang, die Erfahrungen seines vergangenen Berufslebens in die geschäftliche Zukunft seines Sohnes mit einzubeziehen, ist verständlich. Natürlich liebt er seinen Sohn und die Kfz-Werkstatt ist schließlich sein Lebenswerk.

Das vom Schicksal bestimmte, zentrale Ziel sieht für Wolfgang vor, dass er seine Willensstärke pflichtbewusst und sparsam in die Zukunft der Werkstatt einbringt.

Vom Venusaspekt bestrahlt, bringt er das notwendige Feingefühl und Verständnis auch dafür auf, dass sein Sohn hier und da anders entscheidet, als er es getan hätte. Denn dafür sorgt die liberale Facette des Venusaspektes.

Unter dem Einfluss des Marsaspektes kann es aber auch zu Schwierigkeiten kommen. Denn Wolfgangs ungeduldige Tatkraft kann gelegentlich in plumpen, selbstsüchtigen Aktionismus umschlagen. Dieser Eigensinn kann zum Streit mit dem Sohn führen. Da Wolfgang auch eine nachtragende Ader in seinem Marsaspekt hat, sollte er dies zu gegebener Zeit bedenken.

Die Grundsubstanz seines Wunsches ist durch kreatives, flexibles und kommunikatives Verhalten in der vergangenen Arbeitswelt geprägt. In der gegenwärtigen Situation greift er selbstlos und kontaktfreudig, voller Leidenschaft in das Geschehen ein.

Zukünftig sollte er mit seiner Energie und seinem Einsatz eher geizen und mit seiner Kraft gut haushalten. Seine erfahrungsbedingte Skepsis kann für den Sohn durchaus sehr nützlich werden und ihn so vor Schaden bewahren.

Nur seine ihm eigene Sturheit könnte in der Zukunft zu Problemen führen, wenn Wolfgang nicht gut darauf Acht gibt.

Fazit:
Die Pyramidenlegung zeigt deutlich, dass Wolfgang sich wohldosiert in die geschäftlichen Ambitionen seines Sohnes einbringen sollte. Gute und rentable Ideen kann er mit seiner Willensstärke

und seinen gemachten Erfahrungen unterstützen, aber er sollte aufpassen, dass er sein Engagement nicht ungefragt übertreibt.

## 2. Michaela K., Sachbearbeiterin einer Behörde, 31 Jahre

Michaela möchte gern in ihrer Freizeit einen Single-Club aufbauen und organisieren. Er soll zum Treffpunkt gleich gesinnter junger Frauen werden, die sich alle in ähnlichen Lebenssituationen befinden.

Ihre konkrete Frage: »Habe ich die Kraft und das Organisationstalent, ein solches Projekt umzusetzen?« Sie legte sich folgendes Kartenbild selber:

**Zwilling**
kreativ
kommunikativ
flexibel

**Waage**
feinfühlig
liberal
verständnisvoll

**Jungfrau**
pflichtbewusst
willensstark
sparsam

**Stier**
(adK)
unbeherrscht
rechthaberisch
empfindlich

**Widder**
(adK)
ungeduldig
eigensinnig
nachtragend

**Fische**
tolerant
einfühlsam
heiter

## Die Deutung

Das zentrale, vom Schicksal bestimmte Ziel Michaelas deutet eindeutig darauf hin, dass sie ihre Idee erfolgreich in die Tat umsetzen sollte.

Kreativität, Flexibilität und die Fähigkeit zur Kommunikation sind geradezu ideale Voraussetzungen, um solch eine Gruppe zu organisieren und zu leiten.

Vom Venusaspekt ausgehend, ihre Gefühlswelt betrachtend, sollte sie Acht geben, dass sie durch ihre feinfühlige Art und das damit verbundene Verständnis keine Schwierigkeiten bekommt. Zu liberal und es allen immer recht machen wollend, sollte sie auch nicht sein.

Der Marsaspekt, durch den ihre Tatkraft zum Ausdruck kommt, kann ihr Schwierigkeiten bereiten, wenn sie mit einem Übermaß an Pflichtbewusstsein und Willenstärke ihr Ziel verfolgt. Übertriebene Sparsamkeit ist ebenso wenig gefragt.

In der Vergangenheit war sie oft zu unbeherrscht, rechthaberisch und empfindlich. Eigenschaften, die ebenso problematisch werden könnten, wie ihre gegenwärtigen. Denn Ungeduld und Eigensinn sind nur sehr dosiert dem Vorhaben förderlich.

Im Zuge der Realisierung wird sie ihre Fähigkeit zur Toleranz erkennen und einfühlsam alle auftretenden Probleme heiter umschiffen.

Fazit:
Zusammenfassend zeigt die Pyramidenlegung für Michaela, dass sie dieses Vorhaben in jedem Fall angehen sollte.

Sie sollte allerdings sehen, dass sie es locker und mit Heiterkeit angeht und darauf Acht gibt, sich nicht zu stark emotional einzubringen und dem Club eine gewisse Eigendynamik zu überlassen.

### 3. Günther T., selbstständiger Unternehmer, 41 Jahre

Günther fragt:

»Ich habe gerade eine berufliche Auszeit genommen, um die Ruhe zu haben, mich und meine innere Mitte zu finden. Das ist dringend notwendig, denn oft fühle ich mich durch meine Selbstständigkeit völlig ausgebrannt.

Nun habe ich angefangen, mich intensiv mit Esoterik zu befassen und schon einige Fachkenntnisse erworben.

Kann auch ich andere Menschen beraten?

Günther bekam folgendes Kartenblatt:

| Fische |
|---|
| tolerant<br>einfühlsam<br>heiter |

| Löwe (adK) | Schütze (adK) |
|---|---|
| eifersüchtig<br>konservativ<br>leichtgläubig | unausgeglichen<br>streitsüchtig<br>oberflächlich |

| Jungfrau (adK) | Wassermann (adK) | Widder (adK) |
|---|---|---|
| eingebildet<br>wankelmütig<br>taktlos | selbstsüchtig<br>hämisch<br>unzuverlässig | ungeduldig<br>eigensinnig<br>nachtragend |

## Die Deutung

Das für Günther vom Schicksal vorbestimmte Ziel liegt offensichtlich darin, ein emotionales, tolerantes Wesen zu werden und das Leben heiter und fröhlich anzunehmen. Vordergründig deckt sich dieser Umstand mit seinem Wunsch nach Ruhe und der Suche nach seiner inneren Mitte. Aber da sind ja noch fünf weitere Karten.

Der Venusaspekt weist eindeutig auf große emotionale Schwierigkeiten bei der Realisierung seines Plans hin. Er ist viel zu leichtgläubig und unflexibel, ein Umstand, der sich in seinem biederen Vertrauen auf althergebrachte Gefühle zeigt.

Die Tatkraft, die der Marsaspekt aufzeigt, offenbart Oberflächlichkeit und seinen Hang zur Streitsucht, dessen Ursachen sicher in seiner Unausgeglichenheit zu suchen ist.

Schon früher zeigte sich zwar der Wunsch, anderen Menschen zu helfen und sie zu beraten. Doch Günthers vorhandene Fähigkeiten waren schon von Taktlosigkeit und Wankelmut geprägt. Ganz im Kontrast zu seiner Selbstwahrnehmung. Er hielt sich früher, aber auch noch gegenwärtig für einen tollen Menschen, ist aber unfähig zu erkennen, dass er nur eingebildet, überheblich und unzuverlässig agiert. Auch künftig ist da keine Läuterung in Sicht. Mit viel Eigensinn wird er diese offenkundigen Wahrheiten weiterhin ignorieren und allen Menschen, die sich seiner Selbstsucht entgegenstellen, dies ewig nachtragen.

Das Fazit für Günther lautet klipp und klar: Finger weg von jedweder Beratertätigkeit!

Jede freie Minute sollte er dafür aufwenden, an sich zu arbeiten, um wenigstens eine vage Ahnung davon zu bekommen, wer er eigentlich ist. Und sich selber, oder gar seine »innere Mitte« zu finden, ist zurzeit völlig ausgeschlossen.

Auf gar keinen Fall sollte er dem Irrglauben verfallen, anderen Menschen helfen zu wollen oder gar nützliche Ratschläge geben zu können.

## 4. Barbara W., Studienrätin, 52 Jahre

»Mein größtes Hobby ist das Erforschen fremder Kulturen. Vor allem Südamerika hat es mir angetan.

In den Schulferien habe ich schon öfter Reisen nach Mexiko unternommen. Leider ist die Zeit der paar Urlaubswochen immer so schnell vorbei, dass ich eigentlich nie wirklich die Gelegenheit hatte, einmal richtig Land, Leute und ihre Kulturgeschichte kennen zu lernen.

Während meines letzten Aufenthaltes dort lernte ich ein einheimisches Arztehepaar kennen. Wir hielten Briefkontakt und jetzt haben sie mir das unglaubliche Angebot gemacht, ein ganzes Jahr bei ihnen fast kostenlos leben zu können.

Theoretisch könnte ich mir das schon vorstellen. Ich bin Beamte im Schuldienst und könnte problemlos ein Jahr unbezahlten Urlaub nehmen, ohne Gefahr zu laufen, dass mein Arbeitsplatz weg wäre. Und finanziell könnte ich dieses Jahr auch so gerade überbrücken. Aber soll ich so etwas Verrücktes wirklich machen?«

Ich legte die Karten für Barbara so:

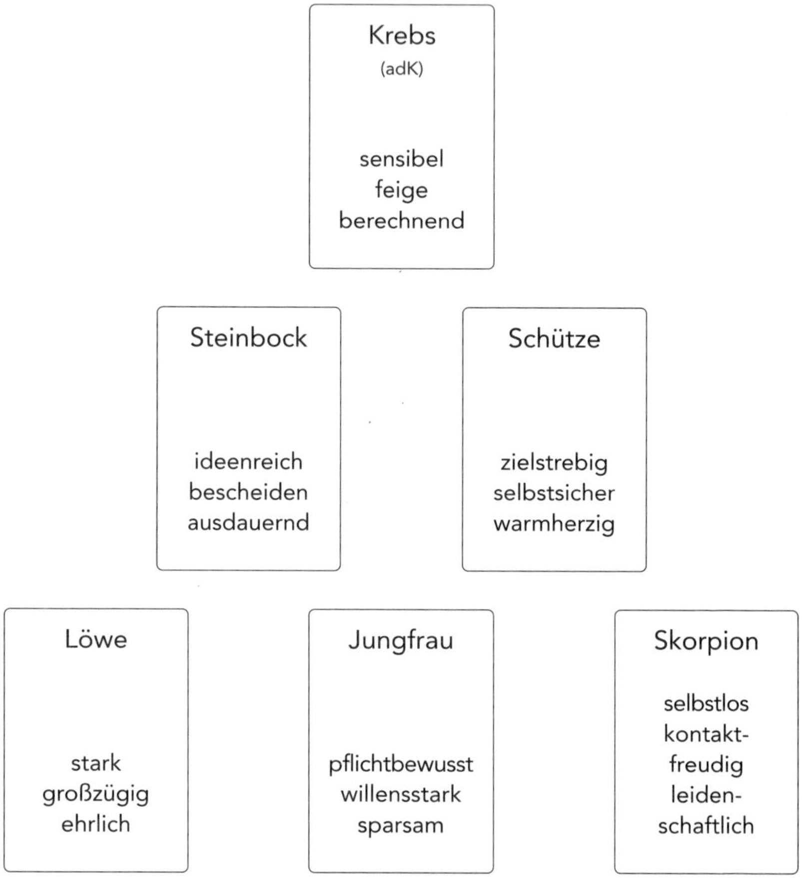


## Die Deutung

Die zentrale, vom Schicksal bestimmte Aufgabe besteht für Barbara darin, ihre Ängstlichkeit zu überwinden, also mutiger zu werden, etwas zu wagen. Dieser Mut führt dann auch dazu, weniger sensibel auf alles und jeden zu reagieren. Außerdem sollte sie nicht immer nur ihren Vorteil im Auge haben, also an ihrem berechnenden Wesen arbeiten.

Der Venusaspekt in ihr macht deutlich, welch emotionales Potenzial in ihr schlummert. Sie muss es nur endlich rauslassen. Dann sprudeln die Ideen. Des Weiteren hat sie Veranlagungen zur Ausdauer und Bescheidenheit. Tugenden, die sie in dem Jahr in Mexiko erkennen und nutzen sollte. Ohnehin sollte sie mehr der eigenen Intuition trauen. Aber Achtung: Nichts übertreiben, denn zu viel Bescheidenheit kann zu schwierigen Gefühlssituationen führen.

Der Marsaspekt, der dem Tatendrang Ausdruck verleiht, zeigt ihre Schwierigkeiten, das angestrebte Vorhaben zielstrebig und selbstsicher zu verfolgen.
Mehr Warmherzigkeit sich selber gegenüber wird hier Abhilfe schaffen.

Schon früh zeigte sich, dass sie über Stärke und Großzügigkeit verfügt. Sie war immer allen anderen gegenüber ehrlich und aufrichtig, vergaß sich selbst dabei aber all zu oft.

Ihre Zweifel sind ein Beleg für ihr Pflichtbewusstsein, sowohl der Schule als auch dem Beruf gegenüber. Und dass immer schön sparsam leben und Geld horten allein nicht glücklich macht, erkennt sie gerade jetzt.

Ihre Kontaktfreudigkeit und Leidenschaft sollte sie unbedingt ausleben.

Fazit:
Wohnung vermieten, Koffer packen und auf geht's nach Mexiko. Weniger um die Kulturen zu studieren, sondern um zu erkennen, welch vielfältiges Potenzial tatsächlich in ihr steckt.

## 5. Andreas K., Student, 24 Jahre

Andreas fühlt sich in seiner momentanen Lebenssituation unbehaglich. Irgendetwas fehlt. Daher fragt er:

»All meine bisherigen Beziehungen waren zwar ganz schön, aber nie von Dauer. Und irgendetwas hat immer gefehlt. Bisher habe ich immer gedacht, dass ich nur noch nicht die richtige Frau getroffen habe. Seit geraumer Zeit merke ich aber, dass ich mich mehr und mehr zu Männern hingezogen fühle. Bin ich wirklich homosexuell?«

So sieht Andreas' Kartenlegung aus:

| | | Fische<br>(adK)<br><br>unbeständig<br>egoistisch<br>hochmütig | | |
|---|---|---|---|---|
| | Zwilling<br>(adK)<br><br>untreu<br>labil<br>geltungs-<br>bedürftig | | Wasser-<br>mann<br><br>optimistisch<br>fröhlich<br>vielseitig | |
| Stier<br>(adK)<br><br>unbeherrscht<br>recht-<br>haberisch<br>empfindlich | | Waage<br>(adK)<br><br>überheblich<br>launisch<br>phlegmatisch | | Widder<br><br>selbstbewusst<br>dynamisch<br>verlässlich |

## Die Deutung

Das vom Schicksal für Andreas vorgesehene Ziel liegt offensichtlich darin, gegen seine Unbeständigkeit anzugehen, sich zu positionieren. Wenn es ihm dann auch gelingt, nicht immer nur an sich zu denken und weniger hochmütig zu sein, dann wird er seinen Weg finden.

Der Venusaspekt in ihm, die emotionale, weibliche Seite, offenbart seinen Hang zur Untreue. Vielleicht ist eine dauerhaft monogame Beziehung auch gar nicht die für ihn ideale Lebensform. Er sollte sich ausprobieren, seinem Bedürfnis nach Aufmerksamkeit und Geltung ruhig nachgeben.

Sein Marsaspekt würde ihn dabei unterstützen, dies voller Optimismus in die Tat umzusetzen. Er sollte fröhlich in die Zukunft schauen und seine vielseitigen Neigungen und Talente ausleben.

Die Ursachen für das kontinuierliche Scheitern vergangener Beziehungen lag eindeutig darin, dass er zu unbeherrscht, rechthaberisch und ganz allgemein viel zu empfindlich war.

Dass er sich gegenwärtig unwohl fühlt, oft launisch und phlegmatisch ist, deutet daraufhin, dass er in einer Sackgasse steckt. Aber er sollte seiner Intuition trauen und selbstbewusst in die Zukunft schauen. Dann wird er einen verlässlichen Weg finden.

Fazit:
Andreas sollte seinen Empfindungen trauen und sich ausprobieren.

## 6. Jennifer L., Hausfrau und Mutter, 36 Jahre

»Vor knapp einem halben Jahr wurde festgestellt, dass die Sporthalle in der Schule meines Sohnes mit Asbest verseucht ist. Bei den anschließenden Elternabenden lernte ich die Mitglieder einer lokalen Umweltorganisation kennen. Ich wurde Mitglied, übrigens gegen den entschiedenen Willen meines Mannes. Seit etwas mehr als vier Monaten gehe ich nun regelmäßig zwei- bis dreimal in der Woche zu unseren Treffen. Und jetzt stehen neue Vorstandswahlen an und einige der Mitglieder haben mich als Kandidatin vorgeschlagen. Und ich weiß nicht, was ich tun soll.

Einerseits habe ich große Lust auf die Arbeit im Vorstand, andererseits ist damit weiterer Ärger mit meinem Mann vorprogrammiert. Schon jetzt muss ich viel organisieren, um mir die Zeit für die Treffen frei zu machen, und wenn ich gewählt werde, dann wird dies mit Sicherheit noch mehr Zeit in Anspruch nehmen. Aber vor allem bin ich mir nicht sicher, ob ich den Anforderungen eines Vorstandsmitgliedes überhaupt gewachsen bin.

Meine Frage lautet: Soll ich mich zur Wahl stellen?«

Folgendes Kartenbild legte sich Jennifer:

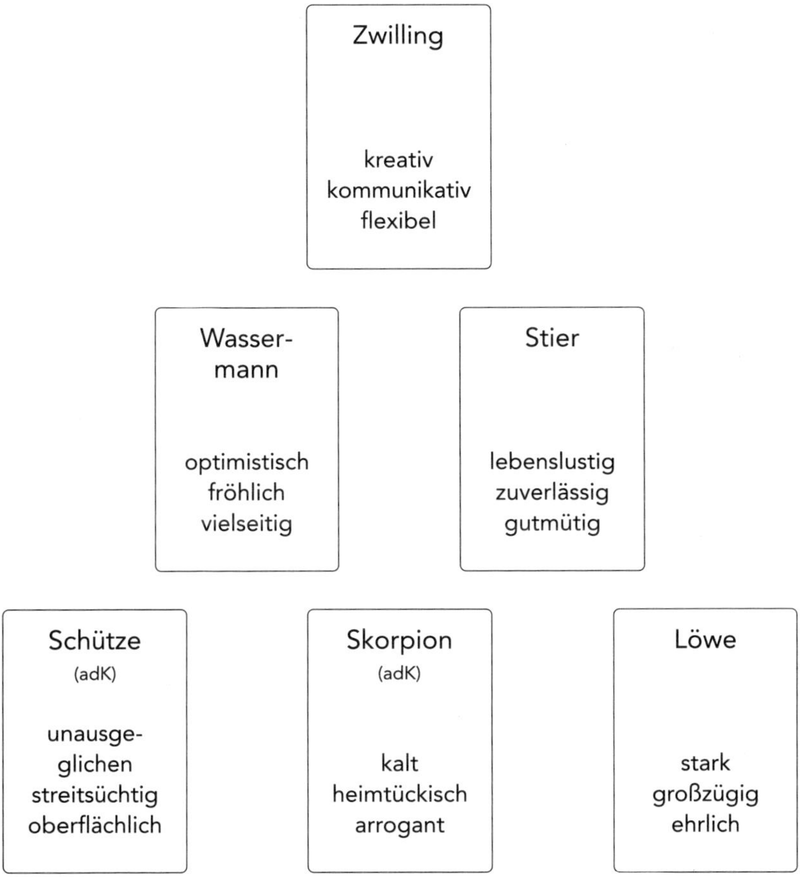


## Die Deutung

Die vom Schicksal vorbestimmte Berufung liegt für Jennifer im kommunikativen Bereich. Daher kommt ihr konkreter Wunsch, sich in den Vorstand der lokalen Umweltorganisation wählen zu lassen, ihrem Lebensideal sehr nahe.

Dort könnte sie ihre Neigungen optimal ausschöpfen und hätte einen Bereich gefunden, der ihre Kreativität genauso fordert wie ihre Flexibilität.

Ihr gefühlsorientierter Venusaspekt unterstützt ihr Vorhaben, indem sie ihr fröhliches, optimistisches Wesen vielseitig einbringen kann. Der tatkräftige Teil ihrer Persönlichkeit, der Marsaspekt, zeigt eindeutig, dass sie zuverlässig das in sie gesetzte Vertrauen rechtfertigen wird. Mit dieser Tätigkeit wird sie auch wieder die lebenslustige Seite ihrer Persönlichkeit ausleben können. Ihre Gutmütigkeit darf allerdings nicht dazu führen, dass sie sich ausnutzen lässt.

In der Vergangenheit war sie oft streitsüchtig und unausgeglichen, weil sie von ihrem eigentlichen Lebensziel so furchtbar weit entfernt war. Die ewig gleichen und monotonen Tätigkeiten einer Hausfrau entsprachen so gar nicht ihrem Wesen.

Die gegenwärtige Lebenssituation von Jennifer provoziert negative Facetten ihrer Persönlichkeit. Sie wirkt kalt und arrogant. Wenn sie diese Seite in sich wieder zum Verstummen bringen möchte, sollte sie unbedingt die Beziehung zu ihrem Mann überdenken. In jedem Fall sollte sie einen Weg finden, der es möglich macht, dass sie ihre Träume und Wünsche in die Tat umsetzen kann.

Denn für all das findet sie in der Zukunft die notwendige Stärke. Wenn sie ehrlich mit ihrem Partner über ihre Bedürfnisse und Lebensträume redet, dann wird sie einen Weg finden.

Fazit:
Die Pyramidenlegung zeigt Jennifer ganz klar und eindeutig, dass sie die sich ihr bietende Chance zur Verwirklichung ihrer Talente und Neigungen unbedingt nutzen sollte.

# Die Elemente-Legung

Mit der Elemente-Legung kann man Tendenzen des allgemeinen Wohlbefindens klären. Sie gibt Aufschluss über die allgemeine körperliche und mentale Verfassung des Fragestellers.
Jede der vier Karten symbolisiert eines der vier Elemente Erde, Luft, Feuer und Wasser und steht für einen Bereich, der unser Wohlbefinden widerspiegelt.

Das Befragen der Karten mit diesem Legesystem ersetzt nicht den Besuch bei einem Arzt oder Heilpraktiker, sondern zeigt lediglich Tendenzen auf.

Konzentrieren Sie sich auf Ihre konkrete Frage, mischen Sie wie gewohnt die Karten und bilden Sie dann abschließend einen Stapel.

Karte 1 ist die oberste Karte des Stapels. Nehmen Sie diese mit der linken Hand und legen Sie sie verdeckt vor sich.

Als Karte 2 ziehen Sie nun die unterste Karte des Stapels und legen sie rechts neben Karte 1 ab.

Karte 3 ziehen Sie aus der Mitte des Stapels und legen sie verdeckt rechts neben Karte 2.

Karte 4 ziehen Sie ebenfalls aus der Mitte des verbliebenen Stapels und legen sie genau über Karte 2 ab.

Nun können Sie die Karten mit der rechten Hand aufdecken.

Beginnen Sie bei Karte 1, dann folgen Karte 2, 3 und 4.

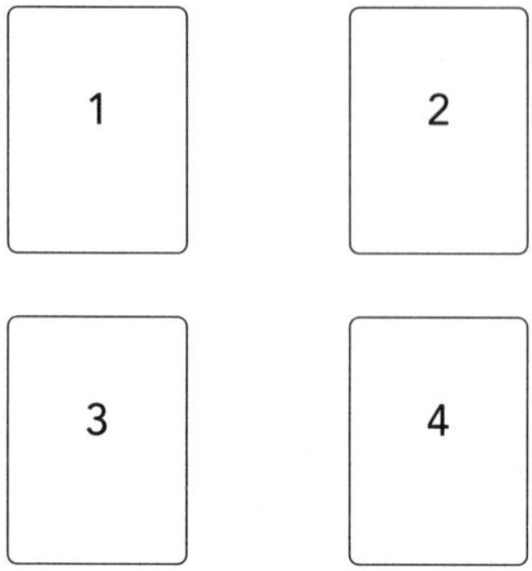


## Die Bedeutung der einzelnen Karten

*Karte 1:*
Sie steht für das Element ERDE und symbolisiert die körperliche Mobilität, Beweglichkeit und Flexibilität des Menschen.

*Karte 2:*
Sie steht für das Element FEUER und symbolisiert das Potenzial an Energie und Kraft.

*Karte 3:*
Sie steht für das Element der LUFT und symbolisiert die Ausdauer und das Durchhaltevermögen des Fragenden.

*Karte 4:*
Sie steht für das Element WASSER und beschreibt die emotionale und mentale Verfassung des Fragenden.

## Die Elemente-Legung am Beispiel der sechs Testpersonen

### 1. Wolfgang U., Rentner, 69 Jahre

»Ich möchte gerne wissen, ob sich mein Enkelkind nach der geplanten Operation wohler fühlen wird. Es wird eine komplizierte OP am Herzen und es ist noch nicht wirklich klar, ob tatsächlich eine Verbesserung eintreten wird. Die Chancen stehen 70 zu 30, dass es gelingt. Aber auf die Risiken wurde ausgiebig hingewiesen.

Ich mache mir ernsthaft große Sorgen.

Ich wünsche mir sehr, dass alles gut geht! Mein Enkel ist so jung und hat noch sein ganzes Leben vor sich. Er sollte eine ganz normale Kindheit und Jugend haben und die Zeit vor dem Erwachsenenleben in vollen Zügen genießen können.«

Seine konkrete Frage an die Karten war folgende:

»Wird mein Enkel die anstehende OP gut überstehen?«

Ich legte ihm folgendes Kartenbild:

| | |
|---|---|
| Jungfrau<br><br>pflichtbewusst<br>willensstark<br>sparsam | Waage<br><br>feinfühlig<br>liberal<br>verständnisvoll |
| Krebs<br>(adK)<br><br>sensibel<br>feige<br>berechnend | Wassermann<br><br>optimistisch<br>fröhlich<br>vielseitig |

## Die Deutung

Das Kartenbild zeigt recht klar, dass sich Wolfgang eigentlich keine allzu großen Sorgen machen muss.

Der Bewegungsdrang seines Enkels ist zwar nicht allzu groß, aber mit seinem Pflichtbewusstsein wird es ihm gelingen, die nötige Willensstärke aufzubringen.

Er verfügt über das nötige Feingefühl, um genau zu wissen, wie er am besten mit seiner Energie und seinen Kräften umgehen und haushalten sollte. Er wird auch das notwendige Verständnis dafür aufbringen, dass er kurz nach der OP noch keine »großen Sprünge« machen kann.

Im Durchhaltevermögen liegt die einzige echte Schwierigkeit. Er braucht viel Unterstützung von den Eltern, Freunden und Verwandten, um seine Ängste vor der OP in den Griff zu kriegen.

Aber sein Enkel wird letztlich alles emotional gut überstehen. Denn er ist ein optimistisches und fröhliches Kind und wird sein Leben genießen können.

## 2. Michaela K., Sachbearbeiterin bei einer Behörde, 31 Jahre

Michaela fragte die Karten Folgendes:
»Seit drei Monaten bin ich Mitglied in einem neuen Fitnessclub. Werden sich all die Anstrengungen lohnen und sich positiv auf mein Wohlbefinden auswirken?«

Das war ihr Kartenbild:

| Löwe | Skorpion |
|---|---|
| stark<br>großzügig<br>ehrlich | selbstlos<br>kontakt-<br>freudig<br>leiden-<br>schaftlich |

| Fische (adK) | Widder (adK) |
|---|---|
| unbeständig<br>egoistisch<br>hochmütig | ungeduldig<br>eigensinnig<br>nachtragend |

**Die Deutung**

Ihre Bewegungsfähigkeit ist geprägt von großzügiger Stärke.

Sie geht mit leidenschaftlicher Energie vor und trägt das Potenzial in sich, das notwendig ist, um all die Anstrengungen zu meistern.

Aber hinsichtlich ihrer Ausdauer könnten sie Aspekte ihrer Persönlichkeit behindern. So könnte sie hochmütig genug sein, um zu glauben, dass man das Training auch hin und wieder mal ausfallen lassen kann. Diese Veranlagung zur Unbeständigkeit könnte dazu führen, dass sie ihre erhofften schnellen Trainingsziele erst später erreicht.

Aber wenn sie ihre Ungeduld richtig kanalisiert und eigensinnig genug ist, um ihr Programm so kontinuierlich wie möglich durchzuziehen, dann wird sich ihr Bemühen auszahlen.

## 3. Günther T., selbstständiger Unternehmer, 41 Jahre

Günther stellte diese Frage:

»Schon seit Monaten fühle ich mich schlapp und unausgeglichen. Jetzt gehe ich regelmäßig zur Massage und in die Sauna. Wird sich dadurch mein Wohlbefinden verbessern und meine Schlappheit verschwinden?«

Ich legte ihm die Karten so:

| Waage (adK) | Jungfrau |
|---|---|
| überheblich<br>launisch<br>phlegmatisch | pflichtbewusst<br>willensstark<br>sparsam |
| **Zwilling (adK)** | **Schütze (adK)** |
| untreu<br>labil<br>geltungs-bedürftig | unausge-glichen<br>streitsüchtig<br>oberflächlich |

### Die Deutung

Die Karte für Mobilität und Flexibilität zeigt Günther recht klar, dass er in diesem Bereich zu überheblich und phlegmatisch agiert.

Er trägt die Stärke und Energien in sich, die Grundvoraussetzung für körperliches Wohlbefinden sind, aber diese Energie sollte einem klaren Ziel dienen.

Seine Ausdauer wird nicht lang anhalten. Ihm fehlt die Konsequenz, den einmal eingeschlagenen Weg konsequent zu gehen. Sehr richtig erkannt hat er seine emotionale Unausgeglichenheit. Außerdem ist es vermessen zu glauben, das unregelmäßige Saunabesuche und ein paar Massagen ausreichen, um seine Beschwerden in den Griff zu kriegen.

Günther sollte in jedem Fall einen Arzt aufsuchen und gemeinsam mit ihm Lösungswege besprechen, die sein körperliches Wohlbefinden dauerhaft verbessern.

### 4. Barbara W., Studienrätin, 52 Jahre

Barbara möchte gerne wissen, wo sich in Zukunft akute Defizite in ihrem Wohlbefinden aufzeigen, damit sie rechtzeitig vorbeugende Maßnahmen ergreifen kann.

Sie fragt: »Worauf muss ich besonders Acht geben?«

Das war ihr Kartenbild:

| Stier | Skorpion (adK) |
|---|---|
| lebenslustig<br>zuverlässig<br>gutmütig | kalt<br>heimtückisch<br>arrogant |
| **Jungfrau** | **Widder** |
| pflichtbewusst<br>willensstark<br>sparsam | selbstbewusst<br>dynamisch<br>verlässlich |

## Die Deutung

Mobilität und Flexibilität zeigen Tendenzen wie Lebenslust verkörpert durch Freude an der Bewegung. Dort scheint es keine Probleme zu geben.

Kraft und Energie sind geprägt von Kälte und überheblichem Verhalten. Hier drohen zukünftig Einschränkungen wie zum Beispiel Kraftlosigkeit und plötzliche Erschöpfung. Barbara sollte darauf bedacht sein, sich nicht selbst zu überschätzen, das wäre überheblich und ein Fehler.

Ausdauer und Durchhaltevermögen machen auf die Aspekte Willensstärke, Pflichtbewusstsein und Sparsamkeit aufmerksam. Durch ihren gezielt eingesetzten Willen, sparsam dosiert, wird Barbara mit Pflichtbewusstsein auf ihren Körper achten und ihn entsprechend pflegen.

Ihre emotionale Ebene strahlt Selbstbewusstsein aus und sie ist voller Dynamik. Ihr Köperempfinden ist verlässlich.

Einzig im Bereich Kraft und Energie könnten Probleme auftauchen. Aber wenn sie sich mittels eines persönlich auf ihre individuellen Bedürfnisse ausgerichteten Trainings präventiv auf diesen Punkt konzentriert, wird sie dies gut ausgleichen!

## 5. Andreas K., Student, 24 Jahre

»Ich fühle mich zur Zeit körperlich richtig fit. Aber schon länger geht mir der Gedanke durch den Kopf, einmal gezielt auf einen Marathon hin zu trainieren. Allerdings habe ich hin und wieder Probleme mit meinen Knien. Soll ich den Marathon wagen?«

So liegen die »Karten des Himmels« für Andreas:

| Krebs | Löwe |
|---|---|
| gefühlvoll<br>hilfsbereit<br>besonnen | stark<br>großzügig<br>ehrlich |
| Stier<br>(adK) | Steinbock<br>(adK) |
| unbeherrscht<br>recht-<br>haberisch<br>empfindlich | geizig<br>stur<br>skeptisch |

## Die Deutung

Die Bewegungsfähigkeit ist die Grundvoraussetzung für das Laufen. Andreas muss gefühlvoll auf die Signale seines Körpers hören, vor allem auf seine Kniegelenke, wenn es da schon einmal Probleme gab. Wenn er besonnen vorgeht, sind keine echten Schwierigkeiten zu erwarten.

Kraft und Energie sind tatsächlich, großzügig und stark vorhanden.

Ausdauer und Durchhaltevermögen sind von den körperlichen Aspekten wie Unbeherrschtheit und Empfindsamkeit geprägt und rechthaberisch darauf zu bestehen, das Soll zu erfüllen, ist in diesem Fall für das körperliche Wohlbefinden von Andreas nicht so vorteilhaft.

Im emotionalen Bereich weisen die »KARTEN DES HIMMELS« auf zu wenig Gefühl, Sturheit und Skepsis hin.

Sollte er sein Ziel, seinen ersten Marathon laufen zu wollen, allzu heftig angehen, dann wird es Phasen emotionaler Tiefs geben. Vielleicht ist sein Ehrgeiz zu groß und er mutet sich einfach zu viele Trainingseinheiten zu.

Fazit:
Wenn er das Training wohldosiert, als harmonische Ergänzung zu seinem Fitnessplan einsetzt, dann steht dem Erhalt seines körperlichen Wohlbefindens nichts im Wege. Wenn er allerdings das Training zu hoch dosiert, dann ist mit Einschränkungen in den Bereichen Ausdauer, Durchhaltevermögen und Gefühl zu rechnen.

## 6. Jennifer L., Hausfrau und Mutter, 36 Jahre

Jennifers Frage an die Karten lautet: »Momentan fühle ich mich durch viele unterschiedliche Belastungen selber nicht so ganz wohl in meiner Haut.

Ich befürchte, dass dieses Unwohlsein sich auch körperlich bei mir bemerkbar macht. Worauf sollte ich aufpassen?«

Die Karten zeigten dieses Bild:

| | |
|---|---|
| Wasser-<br>mann<br><br>optimistisch<br>fröhlich<br>vielseitig | Fische<br><br>tolerant<br>einfühlsam<br>heiter |
| Jungfrau<br><br>pflichtbewusst<br>willensstark<br>sparsam | Zwilling<br>(adK)<br><br>untreu<br>labil<br>geltungs-<br>bedürftig |

### Die Deutung

Im Bereich Mobilität und Beweglichkeit gibt es keinerlei Anzeichen zur Sorge. Sie wird sich künftig immer ausreichend und vielseitig Bewegung verschaffen.

Kraft und Energie sind von Großzügigkeit und heiterem, sprich unbedarftem, Umgang geprägt. Sie weiß ihre Kräfte einfühlsam zu nutzen.

Im Bereich Ausdauer und Durchhaltevermögen zeigt sie Willensstärke und Pflichtbewusstsein. Sie setzt ihre Potenziale sparsam, aber richtig dosiert ein.

Die emotionale Seite von Jennifers körperlichem Wohlbefinden weist eine gewisse Untreue sich selbst gegenüber auf. Es werden Zeiten kommen, da wird sie sich mental schlapp und labil fühlen. Außerdem sollte sie mehr darauf achten, zur Geltung zu kommen. Das festigt ihr Selbstbewusstsein und verändert damit ja auch ihre Ausstrahlung. Körperlich sind keine großen Einschränkungen zu befürchten, wichtig wird für sie der Bereich der emotionalen Ausgeglichenheit.

# Ein kurzer Abriss
## zur geschichtlichen Entwicklung der Astrologie und des Kartenlegens

Seit etwa dreitausend Jahren ist die Astrologie nachweislich bekannt. Die ersten Ursprünge finden sich in Babylonien.

Mit einer äußerst ausgeprägten Beobachtung der Sterne und einer Gestirnsreligion, die davon ausging, dass die Götter durch die Konstellation der Gestirne den Menschen Zeichen gaben, haben babylonische Sternforscher die Grundlagen der heutigen Astrologie geschaffen.

Über tausend Jahre haben diese Forscher nur beobachtet und sich die folgende Frage gestellt: »Was wollen uns die Götter damit sagen?«

Ihre Antworten wurden im ständigen Vergleich gesammelt und archiviert. Ausschließlich die Vorgänge, die überraschend auftraten, galten als Fingerzeig der Gottheiten. Sie wurden mit zeitgleich auftretenden irdischen Geschehnissen verglichen. An Hand dieser gesammelten Beobachtungen versuchten die Babylonier nun die Botschaften zu entschlüsseln.

Die Griechen übernahmen viele dieser ersten, astrologischen Grundlagen und merkten dann aber, dass etliche der überraschend auftretenden Geschehnisse am Himmelszelt, wie z.B. das Erscheinen eines Kometen, auch bestimmten Gesetzmäßigkeiten gehorchten. Somit waren sie auch vorhersehbar. Plato meinte dadurch zu wissen, dass sie somit nicht mehr zur Deutung von Omen taugten und ihre Bedeutung nichtig sei.

Seit dieser Zeit gibt es stets kontroverse Auseinandersetzungen unterschiedlicher Gelehrter um die Aussagekraft der Astrologie. Diese reichen bis in die heutige Zeit.

Es gab im geschichtlichen Verlauf der Astrologie allerdings immer wieder Zeiten, in denen die Sternenkunde besonders hoch angesehen wurde und sogar die Wissenschaft sich der positiven Zustimmung nicht entziehen konnte.

Ihre Anhängerschaft hat die Astrologie jedoch zu keiner Zeit verloren und so hat sie sich bis in die heutige Zeit erhalten und wird von vielen Menschen genutzt. – Ernsthaft, in seriös erstellten Horoskopen, oder aber auch in sehr vereinfachter Form, beispielsweise in nur der Kurzweil dienenden Tageshoroskopen, die man in fast jeder Tageszeitung findet und die daraus kaum mehr wegzudenken sind.

Viele Herrscher Roms waren geradezu abhängig von ihren astrologischen Beratern. Sie machten ihre Politik abhängig vom Stand der Gestirne.

Justinian drohte einem Astrologen sogar mit der Todesstrafe. Papst Leo X hat an der von ihm im Jahre 1520 gegründeten Universität sogar einen Lehrstuhl für Astrologie eingerichtet.

Einige Jahrzehnte später wurden Bücher, die sich mit der Vorhersehbarkeit des Zukünftigen durch die Astrologie befassten, auf den Index verbotener Bücher gesetzt.

Papst Paul III war der Meinung, dass die Menschen sich mehr auf den Willen Gottes verlassen sollten und setzte dieses Edikt durch.

Newton hat sich bei all seinen Forschungen niemals nur auf messbare Werte verlassen, er nahm immer auch die Hilfe von Mythen, Volksglauben und der Astrologie bei seinen Beobachtungen in Anspruch.

Seine These zum ungleichmäßigen Lauf der Planeten war, dass Gott auch manchmal in das Naturgeschehen eingreift, um so kleine Fehler auszugleichen.

Kepler hat sich sehr intensiv mit der Erstellung von Horoskopen beschäftigt. Da er als renommierter Wissenschaftler einen hohen Rang bekleidete, sagte man ihm gerne nach, dass er sich durch diese Arbeit nur sein mageres Gehalt aufbessern wollte.

Im Grunde hat sich ja auch in unserer Zeit nicht sehr viel an der Situation der Astrologie geändert. Es gibt Gegner und Freunde dieser Methode, sich einen Überblick über die vielen Facetten unseres Lebens zu verschaffen.

Viele Jahre war die Kunst des Kartenlegens etwas, das man im Verborgenen tat.

Von Mund zu Mund wurde übermittelt, wer sich damit beschäftigte und wen man unbesorgt aufsuchen konnte.

Die Geschichte der Prophetie mit Karten ist nachweislich erstmals im Jahre 1478 schriftlich erwähnt. Allerdings ranken sich um die Historie so viele Vermutungen, dass es nicht wirklich möglich scheint, den genauen Ursprung zu ergründen.

Man sagt den Volksstämmen der Sinti und Roma nach, die Karten auf ihren Wanderungen über Indien, Kleinasien, Ägypten und Nordafrika in den europäischen Bereich gebracht zu haben.

Eine andere Theorie sagt aus, dass die Karten eine Nachfolgevariante der asiatischen Bambusorakel sind.

Zu Beginn des 14. Jahrhunderts waren Karten in vier Farben überall in Mittel- und West-Europa verbreitet und wurden zum Spiel genutzt. Diese Mode nahm so extrem überhand, dass man polizeilich versuchte, dem Einhalt zu gebieten. Denn die Karten wurden hauptsächlich zu Glücksspielen verwendet und haben viele Menschen in den Ruin getrieben.

Madame Lenormand, geb. am 27. Mai 1772, in dem pittoresken Örtchen Alencon in der Normandie, war die wohl bedeutendste Figur in der Geschichte der Prophetie mit Karten.

Sie kam als Waisenkind in die Obhut eines Benediktinerklosters und schon dort sah sie wichtige Geschehnisse vorher.

Später eröffnete sie einen Salon in Faubourg. Dort hielt sie 40 Jahre lang Beratungen für hilfesuchende Menschen ab. Ihre Klientel erstreckte sich vom Bürgertum bis hin zum Hochadel. Man behauptet von Madame Lenormand, dass sie den Tod von Robespierre und St. Just mittels ihrer Karten vorhergesagt habe. Sie war die gefragteste Kartenlegerin ihrer Zeit.

Heute gibt es sehr viele unterschiedliche Formen von Wahrsagekarten. Viele unterschiedliche Systeme haben sich im Laufe der Zeit entwickelt und werden auch weiterhin entwickelt werden.

# Quellen:

www.sternwartedahlewitz.de

www.galiastro.de

www.tarot.de

*Das Einsteiger-Handbuch der Astrologie* von Julia und Derek Parker, erschienen im Dorling Kindersley Verlag

*Astrologie* von Charles und Suzi Harvey, erschienen im Urania Verlag

# Über den Autor

Ulf Buck (41) lebt seit vielen Jahren zurückgezogen in dem beschaulich-pittoresken Meldorf im hohen Norden Deutschlands.

Durch die Folgen einer schweren Diabetes-Erkrankung, die im Alter von 24 Jahren zur völligen Erblindung führte, lernte er mehr und mehr, seiner Intuition zu folgen. Er erkannte, dass das physische Sehen keineswegs der einzige Weg ist, Bilder zu produzieren.

In den folgenden Jahren gelang es ihm unter kompetenter Anleitung, seine zweifelsfrei vorhandenen seherischen und auch spirituellen Fähigkeiten weiterzuentwickeln und damit konstruktiv umzugehen. Diese »inneren Bilder«, Gerüche und Geräusche nahmen in der Folge mehr und mehr Raum in seiner Wahrnehmung ein. Die Erblindung, eigentlich ein Handicap, schulte auch seine Konzentrationsfähigkeit und erwies sich somit sogar als echter Vorteil.

Letztlich ließ diese Entwicklung seiner außergewöhnlichen Fähigkeiten, einer Berufung gleich, keinen anderen Lebensweg zu, als suchenden Menschen Hilfestellung in allen gewünschten Lebensfragen zu geben.

Ulf Buck erweiterte sein Wissen kontinuierlich und ließ sich zum psychologischen Berater und Psychotherapeuten ausbilden, sodass er heute als fachkompetenter Lebensberater, Heiler und auch Astrologe tätig ist. Er ist in der Lage, mit seinen empathischen Fähigkeiten seine Arbeit so abzurunden, dass ein wirklich individueller Nutzwert für den Suchenden entsteht.

Weiterführende Informationen finden Sie auf der Website www.blinderhellseher.de.

ISBN 3-89845-088-0
79 Karten in Box
€ [D] 14,90 / sFr 26,80

**Alexander Kopitkow**

## Wicca-Tarot

**Das Wissen ist in dir**

Das Wicca-Tarot aus der Hand des Star-Astrologen Alexander Kopitkow, bekannt durch seine eigene TV-Sendung, ist ein künstlerisch hochwertiges Kartendeck. Die Bilder und Symbole dieses Tarots sind bewusst assoziativ gehalten, damit eine möglichst intuitive Deutung erfolgen kann: Dies entspricht der Sicht des Wicca-Kults, der das weibliche, intuitive Denken der rechten Gehirnhälfte repräsentiert, die für die verborgenen Kräfte der Weisheit steht.
Der besondere Kunststil seines Tarots möchte der Betrachterin, dem Betrachter die Möglichkeit geben, eigene Bilder in der Fantasie entstehen zu lassen.

---

ISBN 3-89845-039-2
Brettspiel mit Spielfiguren und Würfeln
€ [D] 29,90 / sFr 54,90

**Jan Ton**

## Tarot Labyrinth

Dieses Spiel erweckt die Symbolik des Tarot auch für diejenigen zum Leben, die sich bislang nicht mit Tarot beschäftigt haben. Auf dem Spielbrett sind alle 78 Karten des »Universal Waite Tarot« so geordnet, dass das Spiel den Lebensweg der Spieler ausdrücken kann. Die Texte zu den Karten laden die Spieler zu - idealerweise gemeinschaftlicher - Kreativität ein.
»Das Tarot-Labyrinth« ist sowohl zu zweit, wie auch in Gruppen spielbar, wobei die Spielerzahl fünf nicht überschreiten sollte. Es eignet sich damit auch sehr gut für kleine Gruppen, die ihre gegenseitige Kommunikation und Zusammenarbeit verbessern wollen. Tarot-Kenntnisse sind nicht erforderlich.

---

ISBN 3-89845-083-X
192 Seiten, broschiert
€ [D]] 14,90 / sFr 26,80

**Peter Kummer**

## Die Schutzengel AG

**Partner ohne Risiko**

Peter Kummer beschreibt, wie er mit einer medial begabten Frau zusammengeführt wird, die ihn mit seinem persönlichen Schutzengel namens Zachharias bekannt macht und ein Gespräch mit diesem ermöglicht. Es geht in diesem Dialog um Fragen wie:

- Was ist ein Engel?
- Wie sehen die Engel aus?
- Hat jeder Mensch einen Engel?
- Was passiert mit uns nach dem Tod?
- Wie sieht es in der geistigen Welt aus?
- Wie helfen uns die Engel im täglichen Leben?

ISBN 3-89845-075-9
576 Seiten, gebunden
€ [D] 29,90 / sFr 52,20

**Franziska Krattinger**

## Pentagramm des Lebens

### Das Leben verstehen, das Schicksal neu bestimmen

Jede Seele tritt ihr Leben nach einem von ihr gewählten Programm an, nach welchem sie den Sinn und Zweck ihres Daseins erkennen und sich von Ängsten und Zwängen befreien kann. Durch die Erkenntnis dessen, was ist, wird jeder Mensch fähig sein, die Lösung für Probleme zu finden; er wird sich dadurch selbst befreien und ein Leben mit innerer Leichtigkeit und Zuversicht selbst neu bestimmen und zu leben beginnen.
Die Pentagramm-Analyse nach Franziska Krattinger ist eine neue Methode, die wesentlichen Verhaltensweisen und deren Folgen für den Menschen zu erkennen. Sie gibt dem Leser alles an die Hand, um das unbewusste Programm umzuschreiben, die »schicksalshafte Fügung aufzuknacken«.

---

ISBN 3-931652-46-7
200 Seiten, gebunden
vierfarbig
€ [D] 16,90 / sFr 30,10

**Carmen Schüle**

## Handlesen leicht gemacht

### Der schnelle Charakterspiegel

Ein einfacher Weg, in die Hohe Kunst des Handlesens einzusteigen. Die Hand kann Veranlagungen und Begabungen preisgeben und das Lesen in ihr führt zu vertiefter Selbsterkenntnis. Sie hilft auch, das Wesen anderer Menschen besser zu ergründen. Jede Buchseite ist bebildert, sodass man mit einem Blick findet, ob das Handmerkmal auf der jeweiligen Seite mit der eigenen Hand übereinstimmt. So lässt sich schnell ein Persönlichkeitsprofil zusammenstellen. Vor allem bei Linien, die ein schwierigeres Charakterbild zeigen, gibt das Buch zudem Tipps und Hinweise für neue Sichtweisen. Das ideale Einsteigerbuch.

---

ISBN 3-89845-049-X
128 Seiten, broschiert
€ [D] 5,95 / sFr 11,10

**Elizabeth Clare Prophet**

## Mit Engeln arbeiten

Dieses Buch bringt einem bei, wie man mit Engeln Freundschaft schließt, sodass diese bereit sind, ihre Hilfe uns zukommen zu lassen. Denn wir haben sie um ihre Hilfe zu bitten. Erst dann dürfen sie uns helfend zur Seite stehen. Hier werden die praktischen Schritte in einem Zehn-Punkte-Programm aufgezeigt, wie man sich mit ihnen in Verbindung setzt, sich weiterhin ihrer Hilfe vergewissert und in Zusammenarbeit mit ihnen viel Gutes für sich und andere bewirkt.
Dieses Büchlein ist nicht nur ein Ratgeber, sondern vor allem eine praktische Anleitung, seinem Leben mit Hilfe der Engel eine höhere Qualität zu geben.

ISBN 3-89845-066-X
176 Seiten, broschiert
€ [D] 12,90 / sFr 23,50

**Andrea Buchholz**

## Ticket ins Glück

### Astrologische Weltlinien

Sind Ihre beruflichen Chancen steigerungsfähig? Ihre Gesundheit angeschlagen? Vielleicht könnte Ihr Sexualleben leidenschaftlicher sein? Folgen Sie den Sternen und vertrauen Sie Andrea Buchholz, der bekannten Medienastrologin. In diesem Buch erklärt sie Ihnen, wie Sie Ihre eigenen Weltlinien für sich nutzen können. Oft steht dafür eine Reise an. Manchmal reicht schon eine Urlaubsreise, aber auch ein Umzug ist nicht auszuschließen.
Wo Ihre Weltlinien genau liegen können Sie mit Hilfe des Internet ermitteln.

---

ISBN 3-89845-034-1
160 Seiten, gebunden
€ [D] 14,90 / sFr 26,80

**Monika Molitor**

## Wicca-Magie für Junghexen

### Mit einem Vorwort von Thea

Willst du die Welt der Magie wirklich entdecken?
Dann nützen dir keine Lehrbücher zum Besenfliegen oder Kochbücher für Tränke. Deine eigenen Fähigkeiten sind gefragt und dein Interesse am Umgang mit der Natur und mit anderen Menschen. Denn Wicca-Magie besteht aus viel mehr als nur aus dem Auswendiglernen von Zaubersprüchen. Es ist eine Art zu leben und zu denken.
Dieses Buch wird dir dabei helfen, eine Hexe oder ein Magier zu werden, den andere ernst nehmen. Es hilft dir, deinen Weg zu finden. Entdecke deine magischen Fähigkeiten!

---

ISBN 3-89845-063-5
192 Seiten, broschiert
mit 8 farb. Abbildungen
€ [D] 8,95 / sFr 16,50

**Mary Olsen Kelly**

## Der Pfad der Perle

### Entdecke deine inneren Schätze

Perlenaustern, die einen Fremdkörper nicht ausscheiden können, verwandeln ihn in ein schillerndes Kunstwerk der Natur. Dieser kleine Schatz beschreibt einen parallelen Weg im menschlichen Innenleben.
Im Pfad der Perle lädt uns Mary Olsen Kelly dazu ein, unser Leben nach den sechs Kriterien zu betrachten, nach denen Juweliere Perlen beurteilen: Form, Größe, Farbe, Glanz, inneres Licht und Vollendung. In diesem Buch lernen wir nicht nur unsere verschiedenen Facetten erkennen und akzeptieren, sondern uns auch über all die Schätze zu freuen, die wir durch die Überwindung der Probleme unseres Lebens gewonnen haben.

Christian Rach / Susanne Walter
Das Kochgesetzbuch